超絶！

プロ野球噂の真相

宝島プロ野球取材班

テレビが言わないカネ、実力、人間関係

宝島社

はじめに

異常な盛り上がりを見せた第5回WBC（ワールド・ベースボール・クラシック）。ご存じのように日本代表が3大会ぶりの優勝で終わったのだが、日本戦のテレビ視聴率はすべて40％を超えたという。朝8時からの放映があったにもかかわらず、だ。昨年のFIFAワールドカップ・カタール大会の日本代表戦の視聴率を圧倒した形だ。

テレビは高齢者しか見ない、野球人気は復活しない、などと言われて久しいが、そんなことはなかったのである。贔屓のチームが強ければ、試合が面白ければ、ドキドキできるコンテンツならば、野球だって、テレビだって多くの人が見るのである。

改めてなのだが、野球というスポーツは面白いということを強調しておきたい。WBCや五輪だけでなく、ペナントレースもMLBも、草野球に至るまで。加えて、プロ野球は10月までほぼ毎日、試合が行われている。自分なりの「見所」を発見できれば、こんな安上がりな楽しみはない。地上波でのプロ野球中継が少なくなって久しいが、BSやCS、ネットなどを使えばどんな試合でも視聴することが可能である。SNSではさまざまな人が、さまざまな情報を発信している。

贔屓のチームを応援することが野球を楽しむ醍醐味のひとつなのは間違いないだろうが、それだけではもったいない。今の球界には見るべき才能が溢れている。大谷翔平、吉田正尚らＭＬＢで活躍する日本人選手、村上宗隆、山本由伸などアンタッチャブル・レコードに挑む日本球界の若き才能、トレバー・バウアーを筆頭にした実力派外国人選手、いつどこでブレークするかわらない将来のスター候補生など、見ておくべき選手が山のようにいる。

本書は、より野球を楽しむための「見所」や「視点」を提供することをコンセプトに編まれている。記者によるインサイドレポート、データ分析、選手を知る関係者へのインタビューなど、球界を深掘りする記事を揃えた。なお、本書のタイトルだけで、スキャンダル的内容を期待する向きもいるかもしれないが、まったくの見当違いである。

本書を通じて、仕事がうまくいかなくても、人生がうまくいかなくても、野球があるから大丈夫――そう思えるようになってもらえたなら、幸いである。

宝島プロ野球取材班

超絶！ プロ野球 噂の真相 テレビが言わないカネ、実力、人間関係 目次

第二章 「新戦力」という恍惚と不安

第三章 プロ野球「カネ」の舞台裏

カバー・表紙デザイン：Two Three
本文デザイン・DTP：武中祐紀
カバーイラスト：花くまゆうさく
本文写真：共同通信イメージズ、
Gordon Donovan/NurPhoto/共同通信イメージズ、
日刊スポーツ、アフロ、USA TODAY Sports/ロイター／アフロ、
CTK Photo/アフロ、日刊スポーツ／アフロ、AP/アフロ

第一章

ファンが知らない「至近距離」の真実

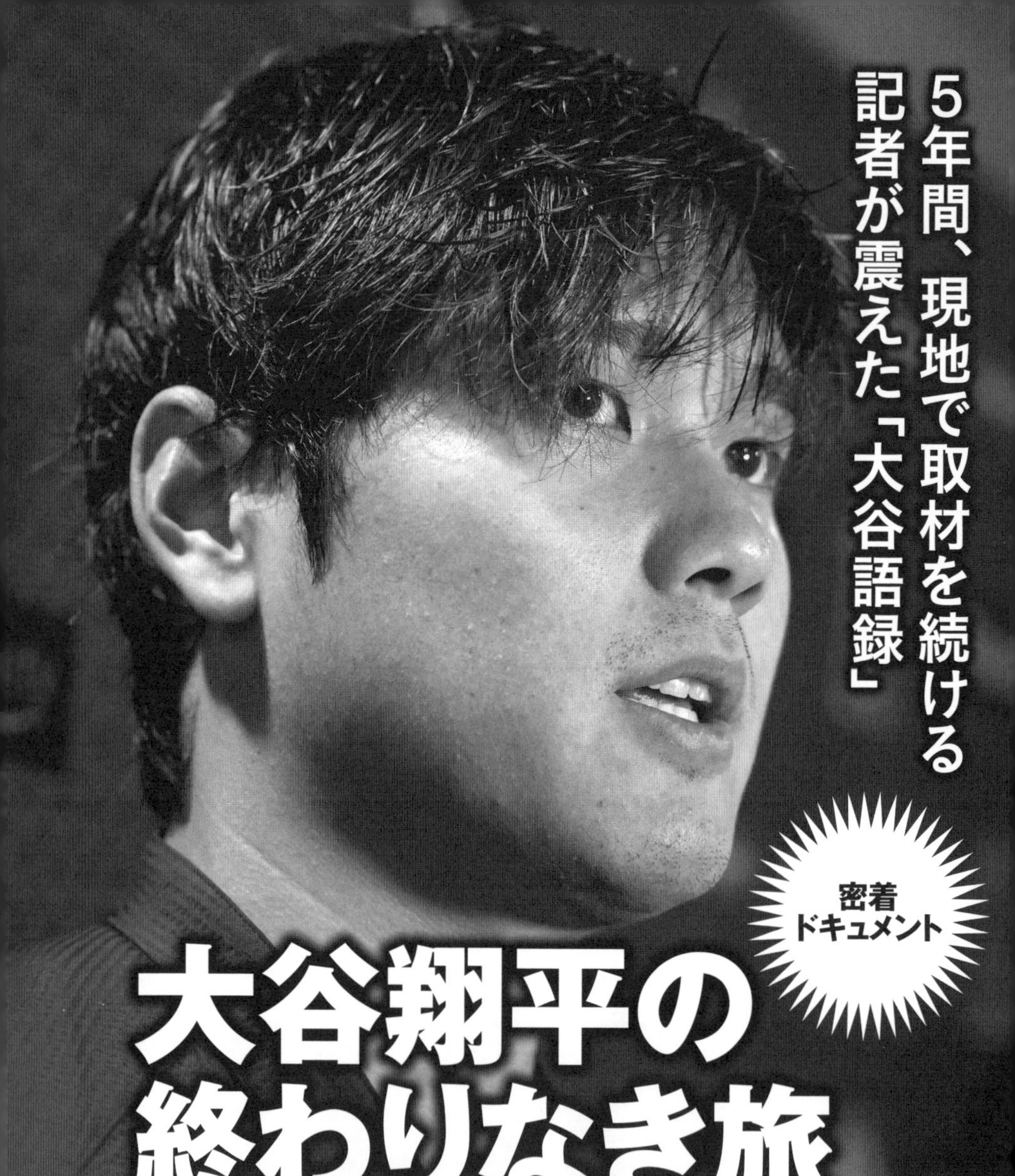

5年間、現地で取材を続ける
記者が震えた「大谷語録」

密着
ドキュメント

大谷翔平の終わりなき旅

「明確なゴールはない、だから面白い」

「世界一の選手になる」――メジャー挑戦を表した際に大谷翔平が語った「目標」である。リーグＭＶＰ、２桁勝利＆２桁本塁打、そしてＷＢＣ優勝とＭＶＰ。数々の偉業を達成しても「目標は達成されたわけではない」と語る大谷。永遠の野球少年が見据える「最終到達地点」とは。

取材・文＝斎藤庸裕（スポーツライター／日刊スポーツ記者）

世界の頂点に立った二刀流の行き着く先とは、一体どんなところなのだろうか。

エンゼルス・大谷翔平投手が、第5回WBC（ワールド・ベースボール・クラシック）で投打の主役となった。侍ジャパンを世界一に導き、大会MVPに輝いた。〝永遠のライバル〟米国との決勝戦では、1点リードの9回から「守護神」として登板。2死からエンゼルスの同僚マイク・トラウト外野手を空振り三振に打ち取って優勝を飾る、日本にとって最高のシナリオで大会は幕を閉じた。

WBCはベストの瞬間

WBCの優勝会見。まず、聞きたいことがあった。

「WBC優勝は、世界一の選手になるという夢において、どういう位置付けになるか」

大谷は淡々と、当然のように答えた。

「間違いなく今までのなかでベストの瞬間じゃないかなと思いますし、今日勝ったからといって、その目標（世界一の選手になること）は達成されたわけではないので。ひとつの通過点として、もっと頑張っていきたいし、これからシーズンも始まるので、そこに向けて日々努力したいと思っています」

帽子を投げ、グラブを投げ、世界トップの座を仲間と味わった。28年間の野球人生でも最高の瞬間――。それでも、すぐに先を見据えていた。メジャー挑戦の1年目から口にしている言葉や意気込みからすれば、大谷のこの答えにさほど驚きはなかった。さらに上を求める向上心は、選手なら当然かもしれない。

ただ、二刀流の大谷の場合、ゴールがはっきり見えない。もちろん当面の目標は明確にある。WBC優勝後、目指すべき到達点を繰り返し口にした。

「シーズンが始まるので、そこでポストシーズン、ワールドシリーズで勝っていくのが次のステップ」

エンゼルスのキャンプ地、アリゾナ州テンピでオープン戦に登板したあと、その思いはさらに強くなった。

「エンゼルスで今年（2023年）、ワールドシリーズに出て、そこで勝ちたいなと改めて思いましたし、今

はそこしか考えていない。あと1週間、しっかりまずリカバリーをとって、万全の状態でシーズンに臨みたい」

次なる目標はワールドシリーズ制覇。だが、おそらくこれだけでは終わらない。仮に悲願を達成したとしても、それがイコール「ゴール到達」とはならないだろう。むしろ、大谷にとって最終目的地は明確にはないのかもしれない。かつて、「世界一の選手」の定義について、こんなことを言っていた。

「評価するのは第三者なので。いくら自分がやったと思っても、評価するのはファンの人とかじゃないかなと。評価基準がないので面白いのかなと思う部分もありますけど、最終的にそう評価してもらって、自己満足して終われたらいいんじゃないかと思う」

毎年、メジャーのリーグMVPを決めるのはBBWAA（全米野球記者協会）に所属するメディアだ。ファンではないが、第三者が評価する。ただ、MVP＝世界一の選手かと言えば、そうではないだろう。では、ワールドシリーズを制覇し、シリーズMVPに輝いた選手がそうなのかといえば、これもまた違うように思う。大谷が言う「世界一の選手」という評価基準は、はっきりしない。

底なしの向上心

「ファン」という視点から言えば、もはや世界一と言っていい。二刀流で活躍を続け、今やメジャーを代表する顔となった。グッズの売り上げは軒並みトップで、エンゼルスの本拠地・アナハイムだけでなく、敵地でも歓声と拍手が上がる。米国の野球ファンなら誰もが知るトラウトでさえ敵地では話題が薄くなるが、大谷は別だ。ボストンやニューヨークでは大谷の特注Tシャツが販売される。それほどの人気ぶりだ。

2023年オフにフリーエージェント（FA）になれば、契約金と年俸はメジャー史上最高額になるとも言われている。ワールドシリーズ制覇、MVP、人気度、年俸……あらゆる項目でトップとなれば、それは世界一と言っていいのではないか。第三者の視点ではそう思うが、おそらく大谷にとっては違う。2021年にリーグMVPを獲得した際のコメントにヒントがある。「世界一の選手になれたのか」――。この問いに大谷はこう答えた。

2021年はア・リーグMVP、2022年は15勝&34本塁打

「なってはないですね。自分でそう思う日はおそらく来ないと思う。目標としてはアバウトというか、そういう目標ですけど、ゴールがない分、常に頑張れるんじゃないかなと。確実にステップアップはしたと思ってますし、今回の賞はそのひとつだと思うので、今後のモチベーションになりました」

明確なゴールはない、だから面白い――。これが世界一を目指す大谷翔平が歩んでいる道なのだろう。2年連続、二刀流でシーズンを完走し、ベーブ・ルース以来103年ぶりに「2桁勝利&2桁本塁打」を達成した2022年シーズンを終えた時も、底なしの向上心を示した。

「前の年と同じようなことをやっていても、同じ数字が残るかといったら、そうではない。むしろ下がると思いますし、やられることに対してそれ以上のことをしていかないと向上はしていかないかなと。ピッチングも今年、いろいろ試しながら投げましたけど、そういうところがテーマかなと思いますし、来年以降ももっともっと工夫しながらできれば、もっといい数字が残

ると思います」

NYのメディアが絶賛

2023年シーズンは当然、2022年よりも進化した姿を見せることが、まず前提にある。プロであれば、また一流選手であれば、継続的にレベルアップを目指すことは当然のことかもしれない。だが、大谷は投打の2つでこの作業を繰り返している。単純に言えば、通常の選手の2倍、勝負の場を得ている。悔しさを味わうこともあれば、進歩を感じることもある。投げて、打って、それが同時にやってくるのが二刀流。しかも、最高峰の舞台で、だ。

だからこそ注目度も高く、日米メディアを中心に報道が過熱する。手のひらを返すように、扱い方の波も激しかった。かつてはメジャーで二刀流に懐疑的だった米メディア。今や、称賛の嵐だ。ニューヨークでの報道やファンの反応がそれを物語っていた。

2018年、大谷はヤンキースタジアムでプレーした。打席に入るたびにブーイングを浴びせられた。2017年オフ、ポスティングシステム（入札制度）を利用してメジャー挑戦を表明し、メジャー各球団による大争奪戦が始まった。大本命とみられていたヤンキースは早々に脱落。その時のキャッシュマンGMのコメントから、大都市でのプレーを好まないと一斉に報道された。「なんて臆病者なんだ」との見出しで大々的に酷評する地元メディアもあった。

6年後、完全に様変わりした。ニューヨークで行われたエンゼルス3連戦のシリーズ前には、ヤンキースのスーパースター、アーロン・ジャッジ外野手と並び、2人の「ホームラン・バトル」と称してTシャツが販売された。ファンは大歓迎。地元メディアもこぞって大谷に関する質問を両チームの監督に投げかけた。

ベーブ・ルースが旧ヤンキースタジアムで1923年に第1号を放ってから100周年の記念日、2023年4月18日に大谷が第1打席で本塁打をマークすると、試合後の囲み取材の場はごった返した。米メディアの質問は、主にニューヨークの地元記者から。20

23年オフにFAとなることを考慮しても、異常な注目度の高さだった。

それも大谷が自らのパフォーマンスで成し遂げた功績の賜物《たまもの》だろう。手のひら返しといえばそれまでだが、逆に言えば、懸命に挑戦を続け、結果が出たときには手放しで称賛する。米メディアにしても、ファンにしてもわかりやすい反応だ。

大谷もかつて**「1年目やるにあたって、もちろん懐疑的な声はありましたけど、やっぱりアメリカのほうが、受け入れてくれる器というか、そういうのは広いなと感じた。どちらかというと日本の1年目のほうが、幅としては狭かったかなという印象が強いので、今は何も気にすることなく、もう自分が結果を出すだけなので」**と語っている。

「憧れるのをやめましょう」の真意

米国でチャレンジ精神を受け入れる環境があるとはいえ、今の二刀流の礎を築いたのは母国・日本。ファンの声援に背中を押され、突き進んできた。だからこそ、感謝もある。昨年11月、WBC出場を正式に表明した時にも自身のインスタグラムでファンに向けてメッセージを送った。

「各国の素晴らしい選手や、5年ぶりに日本のファンのみなさまの前で野球ができるのを楽しみにしています!!」

侍ジャパンに合流すると、壮行試合や強化試合を含めて、試合前のフリー打撃で惜しみなく特大アーチを披露した。

「楽しんでもらえるのが一番かなと。勝ちを見てもらえるのが一番、楽しんでもらえると思う」

言葉どおり、勝ち続けた。調整時間の合間を見て、客席から求められるサインにも応じた。勝つことはもちろん、スーパースターらしく、プレー以外でも紳士的に振る舞った。言葉だけでなく、行動にも意志が感じられた。

それはWBC期間中も同じだった。マウンド上で雄たけびを上げ、塁に出ればヌートバー（セントルイス・

カージナルス）が最初に披露したペッパーミル・パフォーマンスを大谷も真似た。侍ジャパンを盛り上げ、ベンチの仲間たちを鼓舞する姿が、シーズン中以上に目立った。時に豪快なガッツポーズで大きく口を開け、「カモーン!!」と叫ぶ場面もあった。

象徴的だったのは、準決勝のメキシコ戦。9回無死から二塁打を放ち、両手を下から上に振り上げて士気を高めた。気迫あふれる表情に激しい雄たけび。この勢いに後押しされるかのように、ヤクルトの村上宗隆内野手が逆転サヨナラ打を放った。

もともと、アドレナリン全開で自然とガッツポーズが出るタイプだが、WBCの時ほど激しい姿は、今までに見たことがなかった。

一方、メジャーではシーズン終盤の優勝争いやプレーオフの戦いとなると、各選手が1プレーに全身全霊をかける。マウンド上や塁上で激しく雄たけびを上げる選手はざらにいる。外国人選手と比べると、日本人選手の表現はやや控えめな印象は否めないが、すさまじい気迫で感情をあらわにする大谷のプレーぶりは、まさにメジャーリーガーたる姿だった。技術やパワーだけでなく、気持ちでも負けないという強い意欲の表れにも見えた。決勝戦の前に侍ジャパンの仲間たちに投げかけた言葉にも、その心意気が感じられた。

「僕からは1個だけ。憧れるのをやめましょう。ファーストにゴールドシュミットがいたりとか、センターを見たらマイク・トラウトがいるし、外野にムーキー・ベッツがいたりとか、野球やっていれば誰しもが聞いたことがあるような選手たちがいると思うんですけど、今日一日だけは、やっぱ憧れてしまったら超えられないんでね。僕らは今日超えるために、やっぱトップになるために来たので。今日一日だけは彼らへの憧れを捨てて、勝つことだけ考えていきましょう。さあ行こう！」

もう一度、世界一を目指す戦いへ

もちろん、大谷自身もプロ野球やメジャーで活躍を続けてきた選手たちに憧れてきた。だが、それだけでは目指すべき世界一の選手にはなれない。「もっともっと、野球がうまくなるために」と、その一心で偉大な先輩たちを超えてきた。

日本人メジャー選手のパイオニアとして道を切り開いた野茂英雄氏、シーズン最多安打記録を塗り替え、前人未到の10年連続シーズン２００安打を達成したイチロー氏、名門ヤンキースで長年主軸として活躍し、ワールドシリーズＭＶＰにも輝いた松井秀喜氏ら、日本を代表する選手が築き上げてきたメジャーでの実績。大谷は二刀流選手として投打で継承し、前例のない道を歩み続けている。

歴代の先輩たちと簡単に比較はできないが、今や大谷は野球だけでなくスポーツ全体でも世界トップレベルの選手になりつつある。そのうえで、野球界における自らの立ち位置も理解する。

「僕自身、（WBCで侍ジャパンの）優勝を見てきて、こういうふうになりたいと思って、そうなることができて、素晴らしい経験をさせてもらった。今、野球を楽しんでいる次の世代の子たちが僕らも頑張りたいと思ってくれたら、それは本当に幸せだなと思います」

言動やプレーで示した侍魂はきっと、継承されるはずだ。

ここまでの道のりは平たんではなかったが、手術や故障を繰り返したメジャー3年間を経て、肉体的にも年々、進化を遂げている。一方で、チームでは勝てない日々が続いた。２０２１年9月、消化試合が続いていた状況で大谷は**「もっともっと楽しい、ヒリヒリするような9月を過ごしたい」**と言った。エンゼルスに移籍してからの5年間、無縁だった戦いをＷＢＣで経験した。だからこそ、実感することがあった。

「久々の短期決戦だったので、そこが一番、なんていうんですかね、これぞ野球だなという雰囲気を味わいましたし、正直、ワールドシリーズには出たことがないので、予想すらできないですけど、短期決戦で投げたいなという欲は自然と高まる」

もう一度、世界一を目指す戦いへ――。それが、ゴールとは限らない。終わりなき道を、この先も懸命に歩む。

日本代表を変えたキーマン

WBC秘話公開
ダルビッシュと大谷が侍戦士に与えた「衝撃」

今回のWBCで多くの人たちを魅了したのは、「強さ」以上にチームワークという名の「人間ドラマ」だったのかもしれない。選手たちがSNSにアップする食事会、グラウンドで見せる笑顔とハグと歓喜。侍ジャパンに新風を吹き込んだのは二人のメジャーリーガーだった。

取材・文＝宝島プロ野球取材班

今回の侍ジャパンには、MLBでの〝新常識〟がもたらされた。2月の宮崎強化合宿初日からダルビッシュ有（サンディエゴ・パドレス）が早々と参加。選手同士の絆を深めたのち、3月上旬の実戦から大谷翔平（ロサンゼルス・エンゼルス）が合流し、桁違いの打撃と投球で選手たちの心をつかんだ。二人がMLBでの経験と最新情報をもたらすなかで、トレーニング、調整方法において、日本では当たり前だとされてきたことが覆されている。

最新のMLB流トレーニング

2月の宮崎強化合宿では二人が持ち込んだカラフルなウオームアップ専用球「プライオボール」が投手陣に浸透した。重量が異なる6種類（100グラム、150グラム、225グラム、450グラム、1キロ、2キロ）のゴム球で、アメリカ・シアトルのトレーニング施設「ドライブライン」が開発。大谷はキャッチボール前に壁当てで使用しており、投球動作の強化が見込めるのだという。日本代表でもすでに取り入れている選手もいたが、強化合宿中に初めて手に取った選手もいた。

ほかにもランニング。オフともなれば、インターバル走を取り入れている球団もあるが、実は持久力を高めるインターバル走は、野球という競技性にマイナスとなる可能性があるという。2000年代に入ってからは、持久力と瞬発力は相反関係にあり、持久力を鍛えることで筋力トレーニングの効果が薄れるという研究がある。MLBでは長距離のランニングをすることはなく、短距離のダッシュを繰り返すメニューに変化した。

さらに、登板や練習後の投手が必ずといっていいほど行う「アイシング」。これもMLBで実績を積んだダルビッシュ、大谷ともに、侍ジャパンでは行わなかった。二人に追随した選手も多かったという。

その結果は世界一。〝新常識〟のすべてが正しかったようにも思えるが、フィジカルの専門家は警鐘を鳴らす。

「人には向き不向きがある、ということは頭に入れておいたほうがいいと思います。MLBではアイシングをしない選手が増えていますが、続けている選手もいる。そもそも、アイシングは炎症を最小限に食い止める効果があるといわれ、野球選手ではなくても、一般の方が足をひねったときに、凍傷に気をつけながら48時間以内にその部位を断続的に冷やすと腫れや内出血が抑えられ、痛み自体もかなり減ることが知られています。投球後は、肩や肘にいわば炎症が起きている状態でもある。アイシングはまったく必要がないととらえることは危険です」

大谷、ダルビッシュには向いていても、ほかの選手も同様だとは限らない。WBCで歓喜に沸いた日本代表のメンバーたちは、シーズンでどのような成績（4月23日現在）を挙げているのか。

大谷翔平の残像

大会序盤は苦戦しながらも、準決勝、決勝で大活躍を果たした村上宗隆（東京ヤクルトスワローズ）。3月31日の開幕戦でいきなり今季1号を放ったが、19試合出場で打率は1割7分5厘。三振数28はシーズン210三振ペースだ。さらに、昨季日本選手シーズン最多56本の記録を樹立した本塁打数はわずか2本。これはシーズン15本ペースであり、昨季の56本と比較するとパワーダウンの感は否めない。昨季は史上最年少の三冠王にも輝いたため、他球団からのマークがきつくなった結果であることは間違いないだろう。

しかし、最大の原因は3月上旬に日本代表に合流した大谷のフリー打撃を見て、衝撃を受けたことが打撃不振に陥った要因だといわれている。当時取材していたスポーツ紙記者が説明する。

「大谷選手は、MLB移籍後としては初となる日本でのフリー打撃を名古屋で披露したわけですが、パワー、飛距離、打球の強さのどれを取っても、『こんなすごい打球は見たことがない』状態だった。それはファンにとっても、選手たちにとっても同様。打撃ケージの裏には順番待ちの選手に加え、ベンチからも選手たちが集まってきて、見学会のようになっていました。感嘆の声を上げたり、笑顔になったりしている選手が多いなかで、村上選手だけは固まっている。源田壮亮選手（埼玉西武ライオンズ）に話しかけられて笑顔になりましたが、その笑顔もぎこちないまま。昨年は史上最年少の三冠王ですからね。実際に自分の目で見るまでは『自分だって負けていない』という気持ちが強かったのでしょう」

光明としてはシーズン19試合で14四球。村上の武器である選球眼に曇りはない。2025年にはポスティングシステム（入札制度）によるMLB移籍が球団から容認されているだけに、今季の復調を待ちたいところだ。

WBC組の野手で好調を保っているのは、岡本和真（読売ジャイアンツ）だ。20試合を終えて本塁打こそ2本にとどまっているが、打率は3割5分1厘。プレッシャーの強い巨人の4番を張るだけあって、いい意味での持ち味「鈍感力」が奏功しているのかもしれない。

また、決勝で村上の代わりにバント要員として、一時準備していたユーティリティープレーヤー、牧原大成（福岡ソフトバンクホークス）も好調だ。17試合出場で打率3割3厘と好スタートを切っている。今季、北海道日本ハムファイターズからソフトバンクに移籍した近藤健介も気を吐く。17試合で打率2割7分7厘だが、11打点を挙げており、WBC1次ラウンド（東京ドーム）で打率4割6分7厘、出塁率6割の打撃力は健在だ。

イチローも初の故障者リスト

一方、複数の登録抹消選手が出ている。日本代表ではグラウンド内外で盛り上げ役としても一役買った山川穂高（西武）が4月10日に右ふくらはぎの張りで登録抹消。前日のソフトバンク戦では「4番・一塁」で先発出場していたが、初回の守りで緊急交代となった。

国際舞台の強さを買われて招集された山田哲人（ヤクルト）は、4月12日の横浜DeNAベイスターズ戦で全力疾走した際に、下半身の違和感を訴えて途中交代。こちらも抹消している。

そして何より、大会中に右手小指を骨折しながらも強行出場を直訴した源田は、4月23日時点で二軍調整中。すでにノックやティー打撃は再開しているが、出遅れていることは事実だ。WBCを長年取材してきたスポーツライターが表情を曇らせる。

「WBCのあとは、出場していた選手が故障することが定番化しています。2006年の第1回大会では、決勝のキューバ戦でイチロー氏（当時シアトル・マリナーズ）の右前打で本塁に突入した川崎宗則選手（栃木ゴールデンブレーブス）が、捕手との接触で右ひじの靭《じん》帯《たい》を負傷しています。そのイチロー氏も、連覇を果たした2009年はシーズン開幕前に胃潰瘍《かいよう》となり、初の故障者リスト入りしました。あのイチロー氏であっても、強いプレッシャーが心身に影響した。同年のWBCでは絶好調の村田修一氏（当時横浜）が右太腿裏を痛め、打率3割2分、2本塁打、7打点という成績を挙げながらも途中帰国せざるを得なかった。やはり、通常よりも約1カ月早く、しかも寒い時期にコンディションをピークに持ってくることで無理がたたる。また、シーズンとは異なる緊張感のなかで戦う国際大会は選手に負荷の高い大会でもあるのです」

ロッテ・佐々木の「変化」

投手陣では、佐々木朗希（千葉ロッテマリーンズ）が好調だ。4月21日にはソフトバンク戦で7回無失点、早くも今季3勝目を挙げた。その7回には自己最速タイの164キロをマークし、20イニング無失点投球を続けている。佐々木の成長はマウンドだけではない。これまで得意とは言いがたかったメディア対応に変化が出てきたという。スポーツ紙の遊軍記者が語る。

「大船渡高校3年夏に、故障する可能性を懸念した当時の監督が、岩手県大会決勝で佐々木投手の登板回避を決断しました。結果としてチームは敗れて甲子園に出場できなかった。この騒動を経験したことで、マスコミに対して非常に警戒するようになったそうです。質問に対して短い返答で終わってしまうため、マスコミは周辺取材に手を広げることになる。そうすると、佐々木選手が不本意に感じる情報が出たり、〝朗希愛〟が強すぎる地元の人々がしゃべり過ぎたりしてしまうこともあり、佐々木がさらに心を閉ざしていくという悪循環がありました。でも、WBCから帰ってきてから、表情は明るいし、記者の質問にも柔らかく応えてくれるようになったと評判です。WBCでは大谷選手と一緒に写真を撮影して、野球少年のような笑顔を見せていました。大谷、ダルビッシュ両選手からマスコミ対応のアドバイスがあったと聞いています」

2人のメジャーリーガーからもたらされたものは、フィジカル面の最新情報だけではなく、「トップ選手としての人間のあり方」でもあった。

ダルビッシュの献身

2月の宮崎強化合宿では、初日から合流したダルビッシュは、自ら積極的に選手たちへ声を掛け始めた。育成選手から支配下登録されたばかりで、いきなり代表招集を受けた宇田川優希（オリックス・バファローズ）は、ダルビッシュに救われた一人だ。

人見知りすぎて、代表チーム入りしても自室にこもりがちだったが、ダルビッシュはまず宿舎裏の池にあったスワンボートでともに遊ぶことからスタート。その日の夜に予定された「投手会」では宇田川に話題を振り、宇田川と選手たちの距離を一気に縮めた。ダルビッシュの公式SNSにもアップされた記念写真では、本人をはじめ選手みんなが笑顔になるほど和気あいあいとしたムードをつくり上げた。

このSNSでの発信は、野球ファンのみならず、普段はそれほど野球を見ないけれど流行には乗るという〝にわかファン〟を一斉に振り向かせた。トップアスリートたちがチームとして日々、見ることができたからだ。キュメンタリーとして一丸となっていく過程をドしかも、そのあらすじはサクセスストーリー。ダルビッシュが綴《つづ》る説明文には、ユーモアと思いやりがにじんでいたことも、人々の心をつかんだ要因だろう。

ポジティブな会話だけを交わしていると、絆は表面

日本代表を“ワンチーム”にしたダルビッシュの人間力

的になりがち。今回の侍ジャパンでは、野球の技術的なことも含めた情報交換、そして時には弱みもさらけ出して相談できる雰囲気が醸成されていった。

大会当初はリリーフ、決勝は先発とフル回転した今永昇太（DeNA）は「本当に家族のような感じ。冗談を言い合ったり、純粋な悩みを打ち明けたり。これができないんだけど、どうしているとかいう話をたくさんしています。（技術面では）ダルビッシュさんに腕の使い方、グリップ、リリースで離すまでの腕の通り道などのアドバイスをいただきました」と明かしている。1次ラウンドの韓国戦で、失点したダルビッシュのあとを引き継ぐ時も「（今永の）真っすぐなら高めのほうがいい」というアドバイスをもらっていたという。

野球ぐらいで落ち込む必要はない

今大会で最も悩み深かった選手の一人、村上もダルビッシュに救われている。1次ラウンドで打率1割4分3厘と不振に陥り、打順は4番から5番に降格。降格自体は本人も納得していたが、自身の不調に悔しさが募っていた。そんな村上に、ダルビッシュは〝野球なのだから、命まで取られるわけではない〟という意味で、気持ちの切り替えを優しく勧めていた。以下がダルビッシュの言葉。

「野球なので、うまくいかなくても自分を責める必要はない。人生のほうが大事ですから。野球ぐらいで落ち込む必要はないですし、休みもあると思うので、野球以外のところで楽しいことをしたり、おいしいご飯を食べたりしてリラックスしてほしいと思います」

ダルビッシュは東北高校から2005年に日本ハムへ入団し、直後の春季キャンプで喫煙現場を写真誌に撮られ、大騒動となった経験がある。とんがったイメージが先行したが、MLB担当記者はダルビッシュの本質は「優しさ」だと証言する。

「日本ハム時代はメディアに対してツンツンしたところがあり、アメリカに来てもしばらくはそうでした。でも、ここ数年は穏やかになりましたし、誰かを傷つけるような表現にならないように言葉をチョイスして口にしています。日本ハム時代の担当記者にそれを言うと、みんな驚きます(笑)。聖子夫人との結婚も大きかったのかもしれません。アメリカでは、まず家族を大切にすることが重視されます。その文化に触れ、聖子夫人と出会い、周囲のメジャーリーガーのふるまいを見て、彼も人間力が豊かになったのだと思います」

表彰式では、まず栗山監督、次にダルビッシュ、大谷の順で選手たちから胴上げされた。いかにこの二人が信頼され、愛されたかの証明だろう。

日本代表といえば、「負けたら日本に帰れないのではないか」と眉間にしわを寄せ、背水の陣で戦うものだ、という先入観がある。しかし、ダルビッシュは強化合宿前に「戦争に行くのではない。気負い過ぎ」とメッセージを発信し、新たな日本代表像をつくり上げるきっかけをつくった。

仲間に威圧感を与えず、コミュニケーションを図る。トップダウンで指示をするのではなく、先輩から後輩へ提案型のアドバイスを送る。新しいことは試して、自分で取捨選択する。

時代は変わった。ダルビッシュと大谷がもたらしたものとは野球のみならず、日本社会が今、必要としている世界標準の「共存共栄」の文化だったのかもしれない。

「過去3年の通算成績」を基準に徹底解析

セイバーメトリクスでわかった プロ野球「現役最強」選手

取材・文＝広尾 晃（スポーツライター）

令和を代表する「最強打者」「最高投手」は一体誰なのか──。選手の実力を偏りなく評価するとされるセイバーメトリクスを用いて、現役の日本プロ野球選手を総点検。網羅的に分析を試みた。村上宗隆、山本由伸は本当にすごい!?

第5回WBCでの日本の優勝によって、久々に野球ブームが到来しそうである。今回のWBCでは、アメリカやドミニカ共和国、ベネズエラ、メキシコなども一線級のメジャーリーガーを揃えてきた。そんななかでの優勝は、過去2回の優勝と比べても価値が高いと言える。WBC日本代表・栗山英樹監督は、NPBとMLBから当代屈指の選手を選抜し「史上最強」といわれるチームをつくったとされる。

では、NPBにおける現役世代「最強選手」は一体誰なのか？　データを駆使して検証してみた（データはすべて2022年シーズン終了時点）。

野球は「数字のスポーツ」だ。多くの数字で選手を分析することができる。

通算成績だけで見れば、現役最多安打の巨人・坂本勇人（2205安打）、最多本塁打の西武・中村剛也（454本塁打）、最高打率のヤクルト・青木宣親（3割1分7厘）や、最多勝のヤクルト・石川雅規（183勝）、最多セーブのオリックス・平野佳寿（213セーブ）などになるが、「『時価で最強』の選手」とは言えないだろう。かといって昨年の数字だけでは「本当の強者」だと断言するのも難しい。

そこで2020年から2022年の3シーズンの「通算成績」を基準に投打の「最強選手」を考えてみることにした。なお、この3年間に活躍した選手であれば、現在はMLBに移籍した選手や退団した選手も含める。

総合指標「RC」は村上が1位

過去3年間、406試合の通算成績をもとにいろいろな角度から選手を見ていくことにする。

打者の評価には「安打を打つ能力」「長打を打つ能力」「選球眼」「走力」などさまざまな指標があるが、野球の統計学「セイバーメトリクス」にはRC（Runs Create）という指標がある。

これは安打、長打、本塁打、盗塁、盗塁死、犠打、犠飛、三振、四死球などの数字を複雑な計算式で組み合わせたもので、打者として最重要の評価基準である

◆RCランキング　※は第5回WBC日本代表

位	選手	球団	年齢	守備	年	試	打数	安	二塁打	三塁打	本塁打	打点	盗塁	四球	三振	打率	RC	
1	村上宗隆	ヤ	23	内	3	404	1411	424	78	3	**123**	**332**	35	**311**	**376**	.300	**365.52**	※
2	柳田悠岐	ソ	34	外	3	377	1380	421	77	8	81	245	15	196	331	.305	296.11	
3	吉田正尚	BOS	29	外	3	349	1209	413	72	3	56	224	12	210	96	**.342**	288.54	※
4	浅村栄斗	楽	32	内	3	**406**	1447	385	60	1	77	257	6	284	344	.266	264.76	
5	佐野恵太	De	28	外	3	382	1473	**458**	83	4	59	213	2	146	188	.311	261.76	
6	岡本和真	巨	26	内	3	401	**1481**	390	66	2	100	292	4	170	287	.263	257.10	※
7	丸 佳浩	巨	34	外	3	381	1340	367	83	2	77	197	19	206	309	.274	254.14	
8	島内宏明	楽	33	外	3	397	1433	400	87	10	43	226	16	208	240	.279	242.39	
9	近藤健介	ソ	29	外	3	340	1143	357	**94**	6	24	170	16	243	201	.312	241.89	※
10	近本光司	神	28	外	3	392	1568	471	70	13	22	129	85	104	182	.300	233.68	
11	山田哲人	ヤ	30	内	3	361	1296	333	66	1	69	218	22	184	323	.257	218.57	※
12	中村奨吾	ロ	30	内	3	401	1426	376	92	2	29	184	33	198	273	.264	216.49	
13	宮﨑敏郎	De	34	内	3	376	1382	415	82	2	46	176	0	109	117	.300	214.80	
14	大山悠輔	神	28	内	3	369	1328	360	62	8	72	243	3	137	288	.271	212.54	
15	鈴木誠也	CHC	28	外	2	250	865	267	52	2	63	163	15	159	161	.309	208.39	※
16	大島洋平	中	37	外	3	368	1446	443	58	9	3	84	43	123	163	.306	205.53	
17	山川穂高	西	31	内	3	341	1128	268	37	0	89	229	0	175	315	.238	204.00	※
18	西川遥輝	楽	31	外	3	353	1241	314	53	12	15	111	85	249	286	.253	198.00	
19	坂本勇人	巨	34	内	3	315	1140	321	68	1	43	144	8	165	240	.282	197.44	
20	D.ビシエド	中	34	内	3	368	1372	383	73	1	48	215	5	109	163	.279	193.99	
21	塩見泰隆	ヤ	29	外	3	313	1136	315	55	**15**	38	134	58	108	322	.277	190.13	
22	鈴木大地	楽	33	内	3	388	1438	399	65	4	19	143	8	136	161	.277	187.61	
23	坂倉将吾	広	24	捕	3	356	1170	348	57	6	31	162	7	114	177	.297	183.90	
24	荻野貴司	ロ	37	外	3	285	1099	329	68	9	16	82	58	107	123	.299	181.74	
25	森 友哉	オ	27	捕	3	331	1155	315	68	7	28	116	11	158	198	.273	181.45	
26	西川龍馬	広	28	外	3	310	1190	357	56	4	28	145	11	95	196	.300	175.33	
27	牧 秀悟	De	24	内	2	272	996	301	71	4	46	158	5	70	167	.302	172.98	※
28	N.ソト	De	34	内	3	354	1206	302	61	1	63	189	0	117	322	.250	172.30	
29	菊池涼介	広	33	内	3	361	1332	360	67	7	32	146	6	101	224	.270	171.33	
30	青木宣親	ヤ	41	外	3	310	1025	283	67	2	32	129	5	133	123	.276	168.23	

※太字は1位。BOS＝ボストン・レッドソックス　CHC＝シカゴ・カブス　FA＝フリーエージェント

「点を稼ぐ力」の指標とも言える。

セイバーメトリクスでは打点（RBI）をまったく信頼していない。なぜなら、打点は走者の有無、打順によって大きく変わり、本当の打者の実力を反映していないとみなされているからだ。RCはすでに10年以上使われている指標だが、さまざまなタイプの打者を比較できる数字だ。150試合程度でRCが100あればリーグトップクラス。120あればMVP級とされる。

まずはRCでの打者30傑を算出してみた（※は今回のWBC日本代表に選出された選手。

年齢は2023年4月1日時点)。

昨季、史上最年少で三冠王を獲得した**村上宗隆**を筆頭に錚々《そうそう》たる顔ぶれが名を連ねている。村上のRCは実に365・52。2位の**柳田悠岐**に69ポイント以上もの大差をつけている。まだ23歳の村上がここ3年で記録した数字は驚異的だ。本塁打数も打点もダントツの1位である。

2位は柳田悠岐。柳田は2020年(打率3割4分2厘、29本、86打点/MVP)、2021年(打率3割、28本、80打点)と活躍したが、2022年(打率2割7分5厘、24本、79打点)はやや元気がなかった。WBCへの出場を辞退したのも今年の再起を期したためといわれる。ただ依然としてパ・リーグ屈指の強打者だと言えるだろう。

3位の**吉田正尚**は本塁打は少ないが、打率はダントツの3割4分2厘。3年間で三振はわずか96。WBCでは13打点で打点王になったが、中軸打者として絶対的な信頼感がある。レッドソックスに入団して、いきなり4番に抜擢されたのも頷《うなず》ける。6位の**岡本和真**の本塁打は村上に次ぐ2位、打点も2位。同じセ・リーグの中軸打者であり、村上の最大のライバルだ。

8位の**近藤健介**も本塁打は少ないが、二塁打は最多の94、現役選手で最も「ライナーを打つのが得意な打者」だと言える。15位の**鈴木誠也**は2022年、MLBのカブスでプレーした。数字は2020年、2021年の2シーズンの合計だが実働3シーズンの打者に伍して上位にいる。長打も安打も打てるバランスのよい好打者だ。故障でWBC出場を辞退したのは残念だ。27位の**牧秀悟**は2021年の入団。彼も2年間の数字で30傑に名前を載せた。

少し前まで打者のランキングの上位には外国人打者が名前を連ねたものだが、この3年の数字で30傑入りしているのは中日の**ダヤン・ビシエド**とDeNAの**ネフタリ・ソト**の2人だけ。NPBのレベルが上がったのか? MLBからよい人材が来なくなっただけなのか?

得点圏打率と本塁打率

では、3年間通算での得点圏打率はどうなっているのか？　得点圏打数が200以上あった打者60人の打率10傑を見てみよう。

吉田正尚が得点圏打率3割7分5厘でダントツのトップ。WBCで見せた驚異的な勝負強さも納得の数字だ。続いて**近藤健介**、さらに**村上宗隆**とWBC戦士が並ぶ。WBC日本代表・栗山監督の目は確かだったと言えそうだ。なお、ここ3年、得点圏で一番安打を放ったのは楽天の**島内宏明**（398打数121安打、打率3割4厘／13位）。地味だが彼も勝負強い打者だと言える。

続いて本塁打率（本塁打数／打数）、1000打席以上60人の10傑は表のとおり。

村上宗隆が順当に1位、続いて西武の**山川穂高**とセ・パ両リーグの本塁打王が並ぶのは納得。現カブスの**鈴木誠也**は本塁打王こそ獲得していないが、この2人に次ぐ数字を叩き出している。以下、両リーグのスラッガーの名前が並んでいる。

◆得点圏打率ランキング

位	打者	球団	得点圏 打数	安打	打率	
1	吉田正尚	BOS	275	103	**.375**	※
2	近藤健介	ソ	297	100	.337	※
3	村上宗隆	ヤ	357	120	.336	※
4	西川龍馬	広	293	96	.328	
5	松山竜平	広	213	69	.324	
6	近本光司	神	303	97	.320	
7	牧 秀悟	De	248	79	.319	※
8	J.サンズ	引退	226	70	.310	
9	鈴木誠也	CHC	208	64	.308	※
10	柳田悠岐	ソ	335	103	.307	

◆本塁打率ランキング

位	打者	球団	打数	本塁打	本塁打率	
1	村上宗隆	ヤ	1411	**123**	**.087**	※
2	山川穂高	西	1128	89	.079	※
3	鈴木誠也	CHC	865	63	.073	
4	岡本和真	巨	**1481**	100	.068	※
5	中田 翔	巨	1004	62	.062	
6	L.マーティン	FA	996	61	.061	
7	柳田悠岐	ソ	1380	81	.059	
8	丸 佳浩	巨	1340	77	.057	
9	大山悠輔	神	1328	72	.054	
10	山田哲人	ヤ	1296	69	.053	※

盗塁成功率と選球眼

続いて「足」に着目しよう。盗塁成功率のランキングだ。ここ3年の通算で30盗塁以上を記録した21人の上位10傑である。

ソフトバンクの**周東佑京**は盗塁数もダントツ、そして成功率も1位だった。2020年に50盗塁で盗塁王。ここ2年は右肩骨折の影響で出場機会が減っていたが、出れば高い確率で盗塁を成功させていた。WBC準決勝の最終回、代走に出て村上宗隆の二塁打で一塁から長駆本塁を陥れサヨナラ勝ちを演出した韋駄天ぶりは球史に残る。

2位の阪神・**中野拓夢**、3位のソフトバンク・**牧原大成**もWBCに選出されている。盗塁が多いだけでなく「間違いなく次の塁を盗ることができる」選手を栗山監督は選んだと言えるだろう。

出塁率は、MLBで最も重視される指標のひとつだが「安打を打つ能力」と「四球を選ぶ能力」の2つの要素が含まれている。このなかから選球眼の指標だけを取り出したのがIsoD（Isolated Discipline）だ。「出塁率−打率」で算出される。四死球で出塁した率だ。1000打席以上の60人の10傑をランキングした。

◆盗塁成功率ランキング

位	選手	球団	盗塁	盗死	成功率	
1	周東佑京	ソ	**93**	15	**.861**	※
2	中野拓夢	神	53	9	.855	※
3	牧原大成	ソ	33	6	.846	※
4	髙部瑛斗	ロ	48	10	.828	
5	中島卓也	日	35	8	.814	
6	近本光司	神	85	20	.810	
7	塩見泰隆	ヤ	58	14	.806	
8	三森大貴	ソ	37	9	.804	
9	和田康士朗	ロ	58	15	.795	
10	吉川尚輝	巨	34	10	.773	

意外なことに昨年限りで退団したロッテの**レオネス・マーティン**が1位に入っている。打率は2割1分8厘だがIsoDは高い。実は彼は最多の38死球。頑強な体で当たっても平気な顔で一塁に向かっていたのだ。

2位は**村上宗隆**。彼は最も本塁打を打っただけでなく、ボール球にめったに手を出さなかったことがわかる。IsoDのDはDiscipline＝自制心のことだ。村上は手を出したいのを自制して四球を選んでいるのだ。

近藤健介、**吉田正尚**などのWBC戦士もランキングに名を連ねている。

◆IsoDランキング

位	選手	球団	打数	安	四球	死球	打率	出塁率	IsoD	
1	L.マーティン	FA	996	217	171	**38**	.218	.351	**.133**	
2	村上宗隆	ヤ	1411	424	**311**	16	.300	.431	.131	※
3	西川遥輝	楽	1241	314	249	9	.253	.379	.126	
4	浅村栄斗	楽	1447	385	284	13	.266	.388	.122	
5	近藤健介	ソ	1143	357	243	7	.312	**.431**	.119	※
6	山川穂高	西	1128	268	175	31	.238	.353	.115	※
7	鈴木誠也	CHC	865	267	159	15	.309	.421	.113	※
8	吉田正尚	BOS	1209	413	210	22	**.342**	.443	.102	※
9	中村奨吾	ロ	1426	376	198	28	.264	.360	.097	
10	丸 佳浩	巨	1340	367	206	1	.274	.370	.096	

FA=フリーエージェント

最も投手から嫌がられる打者

投手にとって最も嫌な打者は、安打や本塁打を打つ打者ではない。野球では安打が出る確率はぜいぜい35％前後、本塁打は10％以下だからだ。それよりも「なかなかアウトにならない」打者のほうが、はるかに厄介なのだ。

打者のK／BBは三振数を四球数で割った数値。この数字が１・０を切ると「三振より四球のほうが多い打者」ということになる。投手にとっては最も打ち取りにくい、嫌な打者と言える。

◆K／BBランキング

位	選手	球団	四球	三振	K/BB	
1	吉田正尚	BOS	234	96	**0.41**	※
2	近藤健介	ソ	252	201	0.80	※
3	青木宣親	ヤ	134	123	0.92	
4	鈴木誠也	CHC	170	161	0.95	※
5	宮﨑敏郎	De	121	117	0.967	
6	中村 晃	ソ	159	154	0.969	
7	村上宗隆	ヤ	342	376	1.10	※
8	島内宏明	楽	211	240	1.137	
9	西川遥輝	楽	250	286	1.144	
10	荻野貴司	ロ	107	123	1.15	

吉田正尚はこの数値が何と0・41。喫する三振よりも選んだ四球のほうが2・5倍近く多いことになる。３年間で記録した三振はわずか96。２０２２年１シーズンで１００三振を記録した打者が19人もいるなかで異能の数字だと言える。投手にとってこの打者を打ち取ることは本当に難儀なのである。

これに続くのがＷＢＣで２番打者として大活躍した**近藤健介**。この２人が打線にいたのだから、侍ジャパンが強かったのも頷けよう。

一方で**村上宗隆**は「三振も多いが四球も多い」打者。本塁打を打つコストとして多くの三振もするが、投手はその長打を恐れて歩かせることも多い。これも優秀な長距離打者の特徴と言えるだろう。

投手の総合指標「PR」は山本が1位

１９９５年に近鉄の野茂英雄がＭＬＢに挑戦して以降、ＮＰＢのトップクラスの投手はＭＬＢに挑戦するのが一つの流れになった。ＮＰＢでの実績だけでは日本人の投手の実力は証明できなくなっている。事実、ＷＢＣでもダルビッシュ有、大谷翔平とＭＬＢで活躍

◆PRランキング　△は第5回WBC他国代表

位	投手	球団	年	年齢	登板	先発	勝利	敗戦	S	H	投球回	安打	本塁打	四球	三振	防御率	PR	
1	山本由伸	オ	3	24	70	70	**41**	14	0	0	**513.1**	343	19	119	**560**	1.70	**100.14**	※
2	大野雄大	中	3	34	65	65	26	25	0	0	449	353	32	86	374	2.41	59.20	
3	千賀滉大	NYM	3	30	53	53	32	15	0	0	349.2	253	13	133	395	2.19	50.32	
4	青柳晃洋	神	3	29	70	70	33	19	0	0	439.1	380	22	124	324	2.56	49.48	
5	西 勇輝	神	3	32	68	68	26	23	0	0	439.2	391	35	94	303	2.72	42.67	
6	森下暢仁	広	3	25	69	69	28	18	0	0	464.2	**441**	35	128	389	2.77	41.24	
7	平良海馬	西	3	23	177	0	5	7	30	88	170.2	94	4	75	207	1.42	39.24	
8	菅野智之	巨	3	33	62	62	30	16	0	0	400	325	38	76	337	2.75	37.58	
9	R.マルティネス	中	3	26	145	0	7	7	83	12	143.2	80	5	34	170	1.38	35.00	△
10	L.モイネロ	ソ	3	27	136	0	4	4	30	60	132	63	5	64	206	1.30	32.24	△
11	伊藤将司	神	2	26	43	42	19	12	0	1	277	238	25	56	171	2.53	29.19	
12	今永昇太	De	3	29	49	49	21	12	0	0	316.2	250	32	72	305	2.73	28.21	※
13	R.スアレス	SD	2	32	113	0	4	2	67	8	114.2	76	2	27	108	1.65	26.18	
14	松井裕樹	楽	3	27	121	10	5	10	58	15	162.2	99	10	68	224	2.10	25.99	※
15	栗林良吏	広	2	26	101	0	0	3	68	6	100.2	45	1	43	140	**1.16**	25.99	※
16	佐々木朗希	ロ	2	21	31	31	12	6	0	0	192.2	131	12	39	241	2.10	24.95	※
17	柳 裕也	中	3	28	66	65	26	24	0	0	410.1	374	38	107	380	3.03	24.22	
18	加藤貴之	日	3	30	75	53	18	16	0	2	355.2	317	26	55	251	2.81	23.83	
19	岩崎 優	神	3	31	160	0	9	12	31	69	152.1	136	9	40	132	2.19	23.48	
20	伊勢大夢	De	3	25	143	1	6	5	1	49	138.1	110	3	44	146	2.02	23.42	
21	N.マルティネス	SD	2	32	38	35	11	11	1	1	216.2	184	14	78	204	2.66	23.06	△
22	又吉克樹	ソ	3	32	123	0	10	5	9	54	119.1	96	8	38	81	1.81	22.92	
23	清水 昇	ヤ	3	26	174	0	8	14	1	**108**	167.2	123	23	48	175	2.42	22.17	
24	高橋遥人	神	2	27	19	19	9	6	0	0	125	97	5	22	130	2.16	21.91	
25	東浜 巨	ソ	3	32	56	56	23	12	0	0	330.1	282	31	108	257	2.97	19.04	
26	J.ガンケル	ソ	3	31	64	42	16	12	0	11	262	233	22	53	178	2.92	18.78	
27	中川皓太	巨	2	29	95	0	6	4	7	40	90.2	71	3	20	75	1.89	18.17	
28	藤嶋健人	中	3	24	124	1	4	1	1	18	127	95	11	33	102	2.27	18.10	
29	益田直也	ロ	3	33	173	0	7	13	**94**	13	168.1	131	12	51	168	2.57	17.49	
30	平良拳太郎	De	2	27	16	16	4	6	0	0	93.1	81	3	20	71	2.12	17.43	

NYM＝ニューヨーク・メッツ　SD＝サンディエゴ・パドレス

する投手がエースとして活躍した。そのような事実を踏まえて、ここ3年間のNPB投手のデータによるランキングを見ていこう。

投手を評価する指標として「防御率」がある。投手が9回を投げて自責点（投手に責任のある失点）を何点取られるかという数値だ。野球は得失点で争うゲームのため重要な指標だが、長いイニングを投げる先発投手と短いイニングの救援投手を単純に比較することはできない。そこでPR（Pitching Run）という指標を用いることとする。これは「(その投手の防御率−そのリーグの平均防御率）×投球回数÷9」で導き出される指標であり、より優秀な防御率で、より長いイニングを投げた投手の数字が大きくなり、優秀とされる。

2020年から2022年の3シーズンにNPBで投げた全投手の3年間のPRを合計した数値の30傑を算出した（△はWBC他国の代表）。

ここ3年のPRでは、オリックスの**山本由伸**が圧倒的な数字で全投手の頂点に君臨している。勝利数、イニング数、奪三振数も1位。両リーグ最高の先発投手に与えられる「沢村賞」を2年連続で文句なしに授与されているのだから当然のことだが、オリックスのリーグ連覇は山本由伸によるところが大きいと再認識できる。

続いて中日のエース・**大野雄大**。2020年の沢村賞投手だ。しかし、3年間の通算成績は26勝25敗。打線が貧弱なために援護は少なく勝敗は半ばしている。

3位は2022年までソフトバンクのエースだった**千賀滉大**。屈指の剛腕投手だが故障も多く、防御率は大野より上だがイニング数が少なく3位になった。

7位に西武・**平良海馬**の名前がある。イニング数が少ない救援投手だが、防御率が抜群なので上位につけている。平良は2023年シーズンから先発に転向している。

9位、10位に中日の**ライデル・マルティネス**、ソフトバンクの**リヴァン・モイネロ**とキューバ出身の救援投手の名前がある。少し前まで「外国人選手」と言えばスラッガーと相場が決まっていたが、今は投手の活躍が目立つ。2人ともWBCキューバ代表に選ばれている。

投球回数と投球効率

PRは防御率に基づく指標だが、防御率はリーグ平均程度でもイニング数を稼ぐタイプの投手もいる。MLBではこういう投手を「イニングイーター」という。イニングは「アウトを取った数」だから、貢献度は高い。イニングイーター10傑は表のとおり。

この指標でも**山本**が1位だが、2位の西武・**髙橋光**

成、7位の巨人・**戸郷翔征**、8位の広島・**九里亜蓮**、9位の中日・**柳裕也**、10位の日本ハム・**上沢直之**と、防御率3点台の投手がいる。走者を背負ったり、失点をしたりしても辛抱強くイニングを稼ぐ投手たちだ。

そして、先発投手に求められるのはスタミナとともに「投球効率」だ。長いイニングを投げるためには、球数少なく効率的な投球をしなければならない。これを見る指標がNP／IP（投球数÷投球回数）だ。つまり、1イニング終了させるのに何球要したかの指標である。ここ3年で50回以上先発した30投手のNP／IP10傑を算出した。

◆イニングイーターランキング

位	投手	球団	登板	先発	完投	完封	勝利	敗戦	投球回	防御率	PR	
1	山本由伸	オ	70	70	11	6	**41**	14	**513.1**	1.70	**100.14**	※
2	高橋光成	西	73	**72**	1	1	31	25	469.2	3.18	14.60	
3	森下暢仁	広	69	69	6	4	28	18	464.2	2.77	41.24	
4	大野雄大	中	65	65	**15**	**8**	26	**25**	449	2.41	59.20	
5	西 勇輝	神	68	68	8	4	26	23	439.2	2.72	42.67	
6	青柳晃洋	神	70	70	5	2	33	19	439.1	2.56	49.48	
7	戸郷翔征	巨	70	69	4	1	30	22	431	3.24	15.58	※
8	九里亜蓮	広	71	69	4	1	27	24	420	3.39	9.58	
9	柳 裕也	中	66	65	5	3	26	24	410.1	3.03	24.22	
10	上沢直之	日	62	62	5	0	28	21	409.1	3.08	17.10	

NPBの投手コーチは先発投手に「1イニング15球以内で」と目安を与えるといわれる。楽天の田中将大は2011年に13・84（3132球／226・1回）という驚異的なNP／IPを記録したが、昨今は打者の選球眼が向上して15を下回るのは難しくなっている。

この指標1位の日本ハムの左腕、**加藤貴之**は制球力が抜群によく、2022年には147・2回を投げて与四球はわずか11。これは規定投球回以上におけるNPB記録である。

2位以下には投球術を心得た30歳以上のベテラン投手が並ぶなかで、3年間で最も多くの投球数を記録した**山本由伸**が4位に入っている。投球精度も素晴らしかったのだ。

◆NP／IPランキング

位	投手	球団	登板	投球数	投球回数	NP/IP	
1	加藤貴之	日	75	5116	355.2	**14.38**	
2	大野雄大	中	65	6747	449	15.03	
3	石川 歩	ロ	53	5055	336.1	15.03	
4	山本由伸	オ	70	**7781**	**513.1**	15.16	※
5	西 勇輝	神	68	6801	439.2	15.47	
6	菅野智之	巨	62	6245	400	15.61	
7	小川泰弘	ヤ	68	6332	400.2	15.80	
8	美馬 学	ロ	60	5661	356	15.90	
9	青柳晃洋	神	70	7005	439.1	15.94	
10	大瀬良大地	広	57	5524	345.1	16.00	

セーブとホールドを一番稼いだ投手

次に救援投手を見ていこう。救援投手にはクローザーとセットアッパーがある。クローザーはリードしている試合の最後を締めくくり、「セーブ」がつく。セットアッパーは先発とクローザーの間でリードを保ったままクローザーにつなぎ、「ホールド」がつく。まずはセーブ数10傑から。

ロッテの守護神、**益田直也**が1位。中日の**ライデル・マルティネス**が2位、3位に西武の**増田達至**と続くが、防御率ではマルティネスや広島・**栗林良吏**らが1点台なのに対し、益田や増田は2点台。1点台の投手は圧倒的な投球でセーブを稼ぐが、2点台、3点台の投手は、時に出塁、失点を許しながらもなんとかリードを保つタイプのクローザーだと言えよう。

◆セーブ数ランキング

位	投手	球団	登板	完了	勝利	敗戦	S	H	投球回	四球	三振	防御率	
1	益田直也	ロ	173	148	7	13	**94**	13	168.1	51	168	2.57	
2	R.マルティネス	中	145	127	7	7	83	12	143.2	34	170	1.38	△
3	増田達至	西	133	105	7	8	72	15	131	27	99	2.89	
4	S.マクガフ	AZ	171	97	9	5	69	41	164	51	187	2.85	
5	栗林良吏	広	101	92	0	3	68	6	100.2	43	140	**1.16**	※
6	R.スアレス	SD	113	99	4	2	67	8	114.2	27	108	1.65	
7	松井裕樹	楽	121	92	5	10	58	15	162.2	68	224	2.10	※
8	平野佳寿	オ	94	77	4	5	57	11	89	21	79	1.92	
9	森 唯斗	ソ	111	85	4	8	53	9	114.2	35	93	2.83	
10	山崎康晃	De	156	73	3	7	44	38	147.1	37	112	3.18	

AZ＝アリゾナ・ダイヤモンドバックス SD=サンディエゴ・パドレス

◆ホールド数ランキング

位	投手	球団	登板	完了	勝利	敗戦	S	H	投球回	四球	三振	防御率	
1	清水 昇	ヤ	174	17	8	14	1	**108**	167.2	48	175	2.42	
2	平良海馬	西	177	55	5	7	30	88	170.2	75	207	1.42	
3	E.エスコバー	De	187	32	9	10	3	83	175.3	57	159	2.71	
4	岩崎 優	神	160	53	9	12	31	69	151.4	40	132	2.19	
5	高梨雄平	巨	158	21	5	3	3	66	122.2	53	128	2.57	
6	嘉弥真新也	ソ	164	12	4	1	0	65	86	34	82	2.62	
7	祖父江大輔	中	155	24	7	5	9	64	141.2	29	97	2.67	
8	堀 瑞輝	日	146	21	6	8	6	64	126	68	135	3.86	
9	L.モイネロ	ソ	136	56	4	4	30	60	132	64	206	1.30	△
10	又吉克樹	ソ	123	22	10	5	9	54	119.1	38	81	1.81	
10	宋 家豪	楽	155	37	8	7	7	54	148.2	55	116	3.51	

続いてはホールド数10傑。クローザーとセットアッパーの成績はよく似ているが、クローザーが「完了（試合の最後を投げた数）」が多いのに対し、セットアッパーは少ないことで区別がつく。

ヤクルトの**清水昇**が3年で唯一100ホールドを超

えた。ヤクルトはクローザーの**スコット・マクガフ**（今季からMLBのアリゾナ・ダイヤモンドバックスへ移籍）、セットアッパーの清水という「勝利の方程式」でリーグ連覇をした。

クローザーは通常1人に固定されるが、セットアッパーは複数いる球団が多い。ソフトバンクからは3人がランクインしている。このうち**嘉弥真新也**は試合数よりイニング数が大幅に少ない。1試合で1、2人しか投げない「ワンポイント」要因だとわかる。

WBC日本代表の栗山監督はクローザーでは広島の栗林（故障で離脱）、楽天の**松井裕樹**のほかに、巨人の**大勢**（57試合1勝3敗37S 8H防御率2・05）、セットアッパーでは阪神の**湯浅京己**《あつき》（62試合2勝3敗0S 43H防御率1・92）を起用している。

奪三振率「K9」のナンバーワンは？

力で打者を圧倒するパワーピッチャーの指標にK9がある。9回完投すれば何個の三振を奪うかという指標。100イニング以上投げた投手133人のK9、10傑は表のとおり。

K9が9を超えるとイニング数を超える奪三振数ということになる。**モイネロ**が1位、以下10傑には救援投手が多く並ぶ。力配分が必要な先発投手より短いイニングを投げる救援投手のほうがK9は高くなる傾向にあるのだが、そんななかで先発投手の**佐々木朗希**が4位、**高橋宏斗**が8位に名を連ねる。ともにWBCに出場したが、いざとなれば救援投手並みの「集中力」で三振が奪えることが評価されたのだろう。

◆K9ランキング

位	投手	球団	登板	勝利	敗戦	S	H	投球回	三振	K9	防御率	
1	L.モイネロ	ソ	136	4	4	30	60	132	206	**14.05**	1.30	△
2	栗林良吏	広	101	0	3	68	6	100.2	140	12.52	**1.16**	※
3	松井裕樹	楽	121	5	10	58	15	162.2	224	12.39	2.10	※
4	佐々木朗希	ロ	31	12	6	0	0	192.2	241	11.26	2.10	※
5	平良海馬	西	177	5	7	30	88	170.2	207	10.92	1.42	
6	R.マルティネス	中	145	7	7	83	12	143.2	170	10.65	1.38	△
7	石山泰稚	ヤ	140	5	7	30	29	135.2	157	10.42	2.59	
8	高橋宏斗	中	19	6	7	0	0	116.2	134	10.34	2.47	※
9	S.マクガフ	AZ	171	9	5	69	41	164	187	10.26	2.85	
10	千賀滉大	NYM	53	32	15	0	0	349.2	395	10.17	2.19	

最後にK／BBの

ランキング。打者編でも紹介した指標だが、投手から見ると「三振」は振り逃げ以外に絶対に走者を許さない、最も安全なリザルトだ。そして「四球」はどんな優秀な守備陣が揃っていても全体にアウトにできない最も残念なリザルトだ。先発でも救援でも三振が多くて四球が少ない投手は優秀だとされている。

この3年で１００イニング以上投げた１３３人の投手のＫ／ＢＢの10傑を見てみよう。

◆K／BBランキング

位	投手	球団	登板	投球回	四球	三振	K/BB	
1	奥川恭伸	ヤ	20	111	11	96	**8.73**	
2	佐々木朗希	ロ	31	192.2	39	241	6.18	※
3	高橋遥人	神	19	125	22	130	5.91	
4	R.マルティネス	中	145	143.2	34	170	5.00	△
5	山本由伸	オ	70	**513.1**	119	**560**	4.71	※
6	加藤貴之	日	75	355.2	55	251	4.56	
7	石山泰稚	ヤ	140	135.2	35	157	4.49	
8	菅野智之	巨	62	400	76	337	4.43	
9	大野雄大	中	65	449	86	374	4.35	
10	田中将大	楽	48	318.2	59	252	4.27	

２０２１年シーズン後半にエース級の活躍をしたヤクルトの奥川**奥川恭伸**が1位。２０２２年は右ひじの不調に加え新型コロナにも感染し1試合の登板にとどまった。万全な体調なら同学年の佐々木朗希、宮城大弥とともにＷＢＣに出場し、活躍していたことだろう。

その**佐々木**が2位。彼は奪三振が多かっただけでなく四球も少なかったのだ。

この指標でも5位に**山本由伸**が顔を出している。山本はここ3年ではほとんどの指標でトップクラス。まさに「無双」の働きだったと言えよう。

投打の各ランキングから見えてくるのは、今回のＷＢＣ日本代表が、走攻守投の各カテゴリーで今、最も脂の乗った選手を選考していたということだ。栗山英樹監督、コーチの慧眼《けいがん》を改めて確認することができる。

しかも、その多くは20代で、3年後の第6回ＷＢＣでも活躍が期待できるメンバー。次回は山本由伸や村上宗隆らはメジャーリーガーになっているかもしれないが、どんな顔ぶれが新しいジャパンのユニホームを着るのか、今回のランキングに入った選手を見ながら想像してみるのも一興である。

元NPB審判員・橘高 淳インタビュー

38年間、通算3001試合に出場

元審判員が語る現役選手「至近距離の真実」

朗希「完全試合」の球審

昨年の佐々木朗希の完全試合、球審を務めていたのが橘高淳である。斎藤雅樹、松井秀喜、大谷翔平、山本由伸……。38年間、プロ野球を至近距離で見てきた橘高が語る野球界の過去の現在。

構成・文＝今川与四郎（フリーライター）

38年間、日本のプロ野球を最前線で見続けた男がいる。昨年9月20日、甲子園球場での阪神対横浜戦を最後に引退した元日本野球機構（NPB）審判員、橘髙淳《きったかあつし》（60歳）だ。審判を務めた試合数は、通算３００１試合。松井秀喜（元巨人）がプロ入り第1号ホームランを放った一戦でも、昨年４月に佐々木朗希（ロッテ）が達成した完全試合でも、球審を務めた。選手が何巡も入れ替わるなか、グラウンドに立ち続けた橘髙に、マスク越しに見た一流選手のプレーや審判員の仕事について「本音」を語ってもらった——。

橘髙 淳
きったか・あつし●1962年、滋賀県生まれ。元日本野球機構（NPB）審判員。瀬田工業高校3年時、春夏の甲子園に出場。80年に阪神タイガースに入団、81年から4年間在籍。現役引退後の85年にセントラル・リーグ審判部に入局。60歳を迎えた2022年シーズンをもって審判員を引退。

——長い現役生活、お疲れ様でした。最近は、どのように過ごされていますか？

橘髙淳（以下、橘髙）日々、のんびり過ごしています。これまでは失敗が許されない日々を送り、毎日野球のことを考えていました。審判を辞めてみて、現役時代は常にピリピリと気を張っていたんだなと感じました。無事に審判員としての仕事を終え、ホッとしているというのが正直なところ。今は、たまに散歩してちょっと汗かいたり。そんな感じですよ。トレーニングしても、もう意味がないですからね（笑）。現役時代は、常に仕事のためにコンディションを整える必要があって運動してましたが、もう試合がありませんから。

例年だと、12月か1月にNPB審判部の全体会議があり、前年の反省点に関する意見交換を行ったり、次のシーズンから導入される新ルールの確認なんかをするんですが、今年からは会議に参加する必要もない。オフがずっと続いているようで、新鮮な感覚です。

審判員の場合、２月からはキャンプが始まります。３月には、毎年新たなルールブックが発刊されますので、それに合わせて五十数名いるＮＰＢの審判員も準備を進めていく。五十数名って多いと思われるかもしれませんが、いっぱいいっぱいの人数なんです。一軍の試合だけで１日に６試合。１試合に５人の審判が必要ですから、これだけで30人。もう１クルー（５人）が予備として控えてなきゃいけないので、一軍戦だけで35人が必要。さらに、残りの20名弱でイースタン・リーグとウエスタン・リーグの試合を、１試合３人体制でジャッジしないといけません。とりわけ新型コロナに見舞われた２０２０年以降の３年間は、人員調整の担当者が大変な様子でした。

――シーズン中は、相当プレッシャーがあったと思うのですが、とくにどんな試合が大変でしたか？

橘高　プレッシャーというのは１４３試合、すべて同じ重みじゃないでしょうか。球団にとっては、絶対に落とせない試合なんかもあるでしょうが、審判員からすると常にミスが許されないわけで、それはどの試合も変わりません。

ただ、そのシーズン最初に球審を務めるまでは、なんとなくそわそわして落ち着かないものなんですよ。これは先発ピッチャーなんかも同じでしょう。審判は１クルー５人で行動し、球審と３人の塁審と予備をローテーションで回します。球審は４～５試合に一度しか回ってきません。シーズン最初に球審を務める予定だった試合が雨で流れたら「うわ～嫌だな」と感じてました。

リプレー検証は多数決で決める

――30年以上、審判をされてきた橘高さんにとって、優秀な審判とはどんな審判でしょう？

橘高　やっぱりジャッジが安定してミスの少ない審判。それから、フォーメーションにおいても常にカバーリングを怠らず、的確な動きができる審判は、仲間内からも信頼されます。

――審判同士で情報交換されてるんですね？

橘高　ええ。仲間内で批判し合うようなことはありませんけどね。ただ、何百試合も経験している我々からしてもジャッジの難しい局面にぶち当たることがあります。そういう時に仲間に相談することはありますし、正しく明確に助言してくれる審判員は仲間からの信頼も厚い。なかには、「あれは間違っていたんじゃない？」とズバリ言ってくれる方もいます。

――ジャッジが難しい局面には、どんな資質が求められるのでしょう？

橘高　そういう場面では耐える力が必要になります。審判である以上、一度下したジャッジを引っ込めるわけにはいかない。やっぱり人間ですからミスすることもありますし、逆に際どいタイミングで正しいジャッジを下していることだってある。でも、球場の雰囲気的には「誤審」であるかのように冷ややかに見られることがあります。ファンもベンチも、自チームに不利なジャッジをされたら、我々に怒りが向いてしまうことが多々ある。どんなに矢面に立たされても、耐えて、その試合の最後を見届けないといけません。

やっぱり難しいのは、際どいタッグプレー（タッチプレーのこと）。手が先にベースに触れているか、タッチが先か。咄嗟《とっさ》にそれが見えるポジションを取らないといけません。打球の方向、返球が戻ってきた場所、走者がベースのどこを狙ってくるか――。見てから動いたのでは遅い時もあります。足運びと目の動き、それから勘が大事。最悪、死角になってしまうこともあるのですが、見えてなくてもジャッジしないといけない。そんなときは、経験と勘に頼るしかない。あとは走者のしぐさとか、キャッチャーの雰囲気とか、そういうものに頼って判定するしかないケースもあります。

今はリクエスト制度がありますので、万一ミスしてしまっても尻は拭ってくれますけどね。

――2016年シーズンからは、本塁クロスプレーにもビデオ判定が導入され、より正確な判定が可能になりました。2018年シーズンからはリクエスト制度も始まりました。選手やファンからすると、うれしいルール変更だと思うのですが、審判の方は仕事が増えて大変になったんじゃないですか？

橘高　試合時間を短縮するために時間を管理したり、リクエスト制度が導入されたり。審判の仕事は増える一方です。リプレー検証に関して言えば、他の審判がいったん下したジャッジをほかの審判が判断して、場合によっては覆さなきゃいけない。MLBの場合は、すべての試合がニューヨークのオペレーションセンターで映像検証され、ジャッジが下されますよね。でも、日本の場合、2022年シーズンは当該審判以外の3人の審判がリプレイ映像を見て多数決で決めることになっていた。一緒にやっている仲間のジャッジを覆さなきゃいけないというのは、本当に嫌でした。嫌な仕事が増えてるのに、こっち（ギャラ）は増えませんし（笑）。

リクエストがあった場合、我々は駆け足でブースに入って急いで映像を確認します。でも、なかなか当該シーンの映像が来ないことが多いんです。よく「早くしてくれや」とヤジられるのですが、判定に迷って時間がかかっていることはほとんどありません。多くの場合、映像が届くのを待っているんです。球場によってカメラの台数も違いますし、そのあたりは改善の余地があるでしょう。

僕も一塁フォースプレーのジャッジで、すぐに間違いに気づいたことが2回ほどありました。足が先に入っていたと思ったのですが、ベースに触れてなかった。セーフと判定したあとに、すぐ気づき「しまった」と。もちろん、すぐにリクエストが来たのですが、その間「見返す必要もない。早く（判定を）変えてくれ」と思っていました。あれが、なんともいたたまれない時間でね。

ちなみに、自分のジャッジミスに自覚がある場合、時間短縮のため映像を観るまでもなく判定を覆すのもアリにしたらどうかと、提案したことがあるのですが、「リクエストは映像で判定するものと決まっている」とあえなく却下されました（笑）。

完全試合・佐々木朗希の「ストレート」

――今回のWBCでは日本が優勝し盛り上がりましたが、最近の野球はご覧になっていますか？

橘高　ニュースなんかで見るぐらい。僕は選手として阪神に4年いましたけど、審判になった時点で、どこの球団のファンとかそういう感覚で野球を見ることはなくなりました。WBCには各国の審判団が参加していますから、「昔の知り合いは出てるかな」と見ることはありましたが、試合自体を熱心に観戦することはありませんでした。

ただ、決勝の最後で大谷投手（エンゼルス）がトラウトを三振に取ったスライダー！　ニュースで何度も繰り返していたアレはすごかった。画面で見てもとんでもない曲がり方とキレ。日本にいる時は、あんなに大きく横に曲がるボールはなかったと思うんですけどね。全盛期の斎藤雅樹さん（元巨人）や伊藤智仁さん（元ヤクルト）も、手元で大きく曲がるスライダーを操っていましたけど、大谷投手のスライダーもそれに匹敵するボールなんじゃないですかね。

――昨年4月10日、橘高さんが球審を務めたロッテ対オリックス戦で、佐々木朗希投手が完全試合を達成しました。

橘高　とにかく真っ直ぐが速い。キレも抜群で、手元でものすごく伸びてくる感じ。ヒューンと突き刺さってくるような球筋。彼は背も高いし腕も長いでしょ。ほかの投手に比べて、間違いなくボール1〜2個分は打者寄りで離してますよ。それで、あんな速いボールを投げられたらね。

あの日は、彼の持っている10の力のうちの10が常時出ていたような感じでした。持っている力のマックス。100%のボールがどんどん来る感じです。ダルビッシュ投手（パドレス）や大谷投手など何人もの好投手を見てきましたけど、「10のうちの10」の球はそんなに見られるものじゃない。つまり、本人が持っているフルの力を出して、その力がすべて球に伝わっているというのかな。そういう球は、ダルビッシュ投手でも大谷投手でも、数球しか見たことがありません。本人の一番いい真っ直ぐというのは、試合中にそうそうお目にかかれるものではないのです。

あの時の佐々木投手はビンビン来てた。テンポはいいし、コントロールもいい。フォークを投げればバッターは手が出ちゃう。球審としては非常にやりやすい試合でした。

――佐々木投手が完全試合を達成したのは、ZOZOマリンスタジアムでした。あの球場は、風の影響で変化球がよく曲がると言われます。

2022年の完全試合は「すべてが最高の球」

橘髙 よく言われますけど、どうなんでしょう。あの日は、風は関係なかったのではないでしょうか。穏やかな春の日差しの中での試合でしたから。佐々木投手本人の出来がよかったから、フォークもよく落ちたのでしょう。球のキレ自体が抜群でしたから。

球場の影響ということで言うと、「東京ドームには風が吹いている」なんてよく言われますよね。たしかに、打球が不思議な軌道を描くことがありました。僕も何度か体験していますが、ライト側もレフト側も、ファウルゾーンに飛んだ飛球がスーッとポールの内側に向かってカーブしていくんです。スーッと吸い込まれていく感じでホームランになってしまう。何が影響しているのかはよくわからないけど、不思議な軌道を描くことがあるのは確かです。

令和の「最強投手」は誰だ?

――間近で見ていて、ほかにすごさを感じた現役投手はいますか?

橘高　コントロールが抜群なのは菅野智之投手（巨人）。彼は、加減しながら、ここぞという時にバーンと決めにくるタイプ。ゾーンをいっぱいに使って、上手にいろんな球種を使い分けていると感じました。

　山本由伸投手（オリックス）も、コントロールいいですよ。ビシビシ決まる。彼は出だした時から、絶対に将来エース級になると思いました。それぐらいコントロールも変化球も、真っ直ぐのキレも、すべてがよかった。フォークも抜群のところに落ちる。大魔神・佐々木さん（元横浜）もそうでしたけど、山本投手と言い、佐々木投手と言い、ストライクを取るフォークと空振りを取るフォークを投げ分けられるのがすごい。

　宮城大弥投手（オリックス）も、決まり出したらどんどん来る。左の横から角度をつけて投げてきますから、バッターは打ちづらいでしょう。彼はいい時と悪い時で、キレとスピードが全然違う。こういうピッチャーは、いい時は手がつけられないほど圧倒的なボールを投げるんです。

――先ほどから度々話に出てくる「（ボールの）キレがいい」とは、どういうことでしょう？

橘高　球の「キレ」というのは、見ていて数字以上に速く感じるかどうか。スピードガンとは別物の球の質と言うのかな。詳しいことはわかりませんが、同じ１５０キロでも、打ち返される１５０キロと簡単に打てない１５０キロがある。やっぱり野球って体感のスポーツですから、数字以上に速く感じるボールはバッターにとってはやっかいでしょう。

――これまでに一番速いと感じた投手は誰ですか？

橘高　僕が審判になりたての頃に見た与田剛さん（元中日）は速かったですね。佐々木投手とは全然球質が違って、重たそうな「剛速球」という感じの球を投げ込んでいた。宣銅烈《ソンドンヨル》（元中日）も速かったな。

　そうそう、昨年まで抑えをやっていた平良海馬投手（西武）も、それほど見る機会はなかったのですが、力強いボールを投げていた印象があります。どちらかというと豪速球タイプというのかな。平良くんの前、６～７回を投げる水上由伸投手（西武）も、華奢な体からとんでもなく速いボールを投げていた。彼は宣銅烈みたいに、ピャーッと低めに伸びてくるような快速球という感じ。

それから宇多川優希投手（オリックス）にもビックリしました。去年の夏頃、回の途中からマウンドに上がったんですが、それまで彼のことを知らなかった。彼のボールを見て、「なんちゅう速いピッチャー隠してたんや」とビックリしてしまった。「こんな速いんか」と思うぐらい速くて、球が力強かった。

セ・リーグだと大勢投手（巨人）や湯浅京己投手（阪神）、それから浜地真澄投手（阪神）も速い。彼らは若いですし、まだまだ伸びしろを感じる。大勢投手の真っ直ぐは、初速と終速が変わらずに、シューッて伸びてくる感じ。

――近年、投高打低の傾向が強まっていると言われますが、このあたりはどう感じていますか？

橘高　シンプルに投手のレベルが上がっているのでしょう。打者のレベルが下がっているとは思いませんよ。でも、それを上回るペースで投手のレベルが上がっている。僕が審判を始めた頃なんて、150キロを超えるストレートを投げる投手はほとんどいなかった。当時のセ・リーグだと与田さんと槙原寛己さん（元巨人）、宣銅烈ぐらいだったんじゃないかな。

今や150キロを超える投手は珍しくないですからね。初めて試合に出るような若手も当たり前のように150キロを投げる。勝ちゲームで投げるピッチャーと、負け試合で投げるようなピッチャーの差が小さくなっている印象があります。スカウトの方と話したことがあるのですが、基本的に150キロを超える投手を探してくるのだそう。

科学的なトレーニングを取り入れるようになったようですし、それがうまくいっているのか……よくわかりませんけどね。とにかく、一昔前に比べて明らかに投手のレベルが上がっている。

ただ、そんな時代に吉田正尚選手（レッドソックス）や村上宗隆選手（ヤクルト）といった強打者も育っているので、一概に「投高打低」とは言えない。WBCでも活躍した彼らは、外国人投手にも力負けしない力を示してますからね。

好打者は「ストライクをどんどん振る」

——現役の打者ですごさを感じた選手はいますか？

橘髙　アメリカに行っちゃいましたけど、やっぱり吉田選手。それから柳田悠岐選手（ソフトバンク）。彼らはとにかくスイングが速い。後ろから見ていて「見逃すかな」というタイミングで、パッとバットが飛んでくる感じ。吉田選手は選球眼も抜群。ボール球は決して振らず、しっかり見極める印象がある。

松井秀喜さん（元巨人）もスイングが速かった。彼が東京ドームでプロ入り第1号を放った試合で、球審をしていたんですが、とてつもない当たりでした。低いライナーでそのままライトスタンドに入っちゃいましたからね。打った瞬間「あ、行った」と。実は、その試合の前にも、彼の出場試合で三塁塁審をしていたことがあった。その時、松井さんが低いライナーでセンターオーバーを打ったんです。センターオーバーを打ったら、三塁塁審は二塁にカバーに行かなきゃいけないのですが、とんでもなく打球が速くてあっという間にセンターの頭を超えていった。急いで二塁に向かいながら「速えぇ」と思いましたよ。辞めたから言えますけど、そういう選手たちの若い頃のプレーを特等席で見られたことは、かけがえのない財産だと思います。

スイングの力強さで言うと浅村栄斗選手（楽天）のスイングもすごい。彼は群を抜いている。あのガーンと振りにいく強さは、後ろで見ていてすごいなと。

対照的に、おかわり君（中村剛也＝西武）はすごく軽く振っているように見えるんだけど、スコーンと打球が飛んでいく。技術なんでしょうね。一塁塁審のポジションから見ていても、全然体が前に突っ込まずに軸足で綺麗に回転する感じ。惚れ惚れするような見事なスイングです。

——橘髙さんが考える好打者の条件とは？

橘髙　技術的なことはわかりませんが、好打者は共通してストライクのボールはどんどん振ってくる印象があります。見過ぎないというのかな。名前を挙げた、吉田選手、浅村選手、柳田選手というバッターはみんなそうです。とくに、若い頃からガンガン振ってくる子は、その後大打者に成長するケースが多いように感じます。

ファンは知らない「乱闘」の真実

浅村選手のスイングは「群を抜いている」（橘高氏）という

——今季からＭＬＢでピッチクロックが導入されました。この流れは日本にも来ると思われますか？

橘高　リプレー検証だってＭＬＢから入ってきましたし、いずれは日本でも採用される可能性は高いでしょうね。野球のルールは、ＭＬＢでつくられるものですからね。それを各国の各連盟が解釈して可能な範囲でそれぞれのルールを定める。とはいえ、ＭＬＢとは設備が圧倒的に違うので、すぐに導入できない部分もあるでしょう。

　ピッチクロックに限らず、試合時間を短縮しようという動きはここ10年ほどで活発になってきました。たとえば、ある回にフライアウトでスリーアウトになりますよね。そうすると、審判がアウトを宣告した時点からカウントが始まり2分15秒以内に次の回のプレーボールをかけないといけません。イニング途中での投手交代は2分45秒以内。二塁塁審がタイムを計ることになっていて、場合によっては投球練習の5球を投げきる前に、終わらせることもあります。

　笑い話ですが、交流戦で普段は行かない某球場でジャッジすることになったのですが、そこのリリーフカーがめちゃくちゃ遅い（笑）。「これじゃ、すべてタイムオーバーやないか」と思いました。その球場では、リリーフカーが遅いのでタイムオーバーを許していたのでしょう。そうじゃないと、とても間に合わない。

――38年間の審判人生で、プロ野球も変化してきていると思います。どこに一番大きな変化を感じましたか？

橘髙　審判の視点で言えば、やっぱりリクエスト制度の導入は大きかったと思います。決して動かせなかった当該審判によるジャッジが、覆る可能性が生まれたわけですから。言い換えれば、絶対だった審判の最終決定に対して、異議申し立てする権利が認められたということ。これにより、判定に対する抗議やそれに伴う揉め事は確実に減りました。

危険球退場のルールも定まりましたし、乱闘だって確実に減っているでしょう。まあ、あれは昔から、つかみ合っている当人以外で本気になって怒ってる人はほとんどいないんですけどね。ベンチやブルペンに残っていたら怒られるから、とりあえず集まってるだけで。審判の立場からすると、退場者が出たら報告書を書かないといけないので、「やめてくれ」と思ってましたが（笑）。

――乱闘と言えば、１９９８年の阪神対巨人戦でガルベスが大暴れした試合でも球審をされていました。交代を告げられても怒りが収まらないガルベスは、ベンチに退く間際、橘髙さんに向けてボールを投げつけた。

橘髙　これまた古い話ですね。本当に僕をめがけて投げてきたのなら直撃しているでしょうから、本気で僕を狙ったわけではないと思いますけど……。それにしても、前代未聞でしたね。自チームの選手たちが制止しているのに、たった一人で球審に食ってかかってきたわけですから。

あの時は坪井智哉さんにホームランを打たれて交代になるのですが、その前に投げたインサイドのボールがストライクだと彼は思っていたようですね。やけに怒っていて、マウンドで不満な態度を見せていた。それを見て僕は捕手の村田真一さんに、「外れていると言ってこいよ」と言ったんだけど、村田さんは「橘髙さん、今から行っても遅いわ」と言っていた。つまり、村田もボール球だとわかってるんです。

それで、その次のボールをガツンと打たれホームランになった。球審の職務として、ホームランが出たら、持っているボールをピッチャーに渡さなきゃいけません。それでボールをガルベスに渡したのですが、彼はマウンド上でずっと怒っている。結局、交代を告げられるのですが、暴れ始めてグラウンドから去り際に、私が渡したボールを投げつけてきた。

その後の報道では、「ガルベスにボールを渡した球審が悪い」なんて言う解説者もいましたけどね。あの時は、さすがに「何年野球見とんねん」と思いましたよ。

この一件はありましたけど、それほどガルベスと相性が悪いと感じたことはありませんし、好きも嫌いもありませんよ。この試合以外で、彼に文句を言われた記憶もない。ただ、彼は自分だけのストライクゾーンを持っている投手で、そのゾーンが広いんです。そこを取ってくれないと不満な態度を見せるところはありましたよね。

――外国人選手の場合、日本とのストライクゾーンの違いによって、判定に怒る選手が多いのですか？

橘髙　いやいや、ある意味、日本の野球を見下していたんじゃないですかね。そう見受けられる選手がガルベス以外にもいました。向こうじゃ絶対に取らない態度を平気で取る。だって、日本には日本のゾーンがあり、それを彼らはわかっているわけですよ。現に、日本の野球に対応できていた外国人選手もいたわけですし。今は球団がそのあたりをきちんと教育しているのか、そういう選手はめっきりいなくなりました。

乱闘にしたって、見ている人たちからすると派手に殴り合っているさまは面白いかもしれないけど、もう今の時代にそぐわないでしょう。時代を考えたら、もうダメですよ。プロ野球も時代に合わせて、変化していくのだと思います。

現役最年長
&
通算最多勝利

プロフェッショナルの言葉

43歳、石川雅規が投げ続ける理由
「全盛期はこれからだ」

プロ22年目となる2023年シーズン。目標は残り17勝と迫った通算200勝。43歳になった「エース」の闘争心はまったく衰えていない。3年にわたり密着取材を続けるノンフィクションライターの魂を揺さぶった「言葉」の数々――。

取材・文＝長谷川晶一（ノンフィクションライター）

2023年シーズンから「球界最年長選手」の称号を背負うことになったのが、プロ22年目を迎えた東京ヤクルトスワローズ・石川雅規だ。41歳で迎えた2021年シーズンから石川への密着取材を始めて、2023年シーズンで3年目となった。球団広報が「石川は日本一……、ということは、世界一性格のいいプロ野球選手です」と太鼓判を押すように、この間、どんなに負けが込んでいても、コンディション不良のためにファームで調整しているときでも、石川はいつも穏やかに、そして丁寧に取材に対応してくれている。

彼は常々、**「絶対に200勝を達成したい」**と口にしているが、密着取材を始めた時点での通算勝利数は173勝で残りは27勝だった。前年の2020年シーズンは15試合に登板して2勝8敗という成績に終わっていた。

果たして、本当に200勝を達成できるのか？

不惑を過ぎて、まだ投げ続けることができるのか？

そんな状況下で石川への取材が始まったのだ。世界中で新型コロナウイルスが猛威を振るうなかで、石川は黙々と投げ続けた。この間、プロ初となる「開幕二軍スタート」も経験した。大卒選手史上初となる21年連続勝利を成し遂げ、交流戦トップとなる27勝達成、史上7人目となる500試合先発登板など、さまざまな節目を迎え、2022年シーズン終了時点で通算183勝180敗、悲願の200勝までは「残り17勝」となった。

この間、常に石川の肉声を聞き、彼の内面に迫るインタビューを続けてきた。

一流の哲学と一流の言葉がある

冒頭に紹介した広報担当者が口にしたように「世界一性格のいいプロ野球選手」であるという言葉はウソではなかった。そして同時に、インタビュアーである僕が、彼への取材を通じて実感しているのが「石川の言葉は力強い」ということだ。

公称167センチという、プロ野球選手としては決して恵まれているわけではない体躯でありながらも現役通算最多勝利を挙げ、現役最年長選手としてプロ22年目を迎えているのは、彼には一流の哲学があり、一流の言葉を持っているからだと痛感している。

これまで、彼には何十回も話を聞いてきた。そのときどきに、胸にくる言葉、刺さる言葉があった。その言葉は、一流プロ野球選手のそれであると同時に、一社会人としても、大いに参考になるものばかりだった。そこで本稿では「力強い石川の言葉」の数々を紹介したい。そこには、人生を生きるうえでのヒントがあるのではないか？　そんな思いを込めて、具体的なエピソードとともに列挙したい。

「変わらないためには、変わり続ける」

密着取材を始めた当初、「不惑を過ぎた心境」を聞いた際に、彼が口にしたのは**「自分で自分の限界を決めてはいけない」**という言葉だ。石川は言った。

「自分で自分の限界を決めてしまってはは絶対にダメだと思います。以前から言っているように、僕は200勝を目指しています。でも、200勝を目指していたら、185勝ぐらいで引退すると思うんです。200勝するには、やっぱり、220から230勝する気持ちじゃないと。現状維持を目指しているうちは現状維持はできないですから」

石川の言葉を聞いていると「人間はいくつになっても進化できるのだ」と思えてくる。彼が口にした**「現状維持を目指しているうちは現状維持はできない」**という言葉は、安定志向に陥り、新たな挑戦に臆病になっている自分への戒めとしたい。

この言葉を補完するフレーズもある。自らを**「勝ちに飢えている」**と語る石川は、年齢やキャリアにかかわらず、貪欲に新しい知識を吸収しようと試みている。あるときはダルビッシュ有のYouTubeチャンネルを参考にし、入団したばかりの黄金ルーキー・奥川恭伸に質問を重ね、ときには高校球児である自分の息子に意見を求めることもある。

貪欲な好奇心はどうして、尽きることがないのか？　そんなことを尋ねたときの言葉だ。

「だって僕自身、まだまだ勝利に飢えていますから。すごく勝ちたいんです。ファンの方には、勝つために必死になっている姿を見てほしいし、僕はファンのみなさんに勝っている自分をお見せしたい。〝アイツ、変わらないな。まだ投げてるのか〟って思われるようなしぶといピッチングをしたいですね。でも、〝昔から変わらないな〟って言われるためには、どんどん変わらないとダメなんですよね。現状維持じゃダメなんです。新しい自分を発見したいんです」

一連の発言に貫かれているのは「変わらないために は変わるしかない」という哲学だ。現役時代には、石川とともにプレーした経験を持つ髙津臣吾監督は「石川のすごさは、ずっと変わらないところ」と口にしたことがある。変わり続けるから、進化できる。それが、プロ生活20年以上が経過してもなお、変わらずに第一線で活躍し続ける理由のひとつなのだ。

そんな石川にも、決して「変わらない部分」がある。

「僕は弱い人間なので、一日のなかでも気持ちの浮き沈みがあります。でも、唯一、揺るがない、変わらないのが、〝負けてたまるか〟の思いです。もちろん、今もその気持ちでいっぱいです。それが僕の原動力だし、それがないとやっていけないですからね」

子どもの頃はいつも「小さいから……」と言われ、現在では「最年長だから……」という枕詞がついて回るようになった。しかし、子どものときも、そして現在でも、石川の胸の内には、燃え盛るような負けじ魂が生き続けているのである。

「人生も野球も、イレギュラーなものだから」

長年にわたって投手陣の中心としてローテーションを守ってきた石川だが、近年は登板しては登録抹消し、10日以上の間隔を空けたあとに登板する「投げ抹消」での起用が続いている。以前のように「中5日」「中6日」という規則正しい登板ではないため、コンディション管理も難しく、メンタル面での調整も大変なことだろう。この点について質問した際に、石川は「切り替え力の大切さ」を口にし、こんな言葉を続けた。

「人生もそうですけど、野球も自分の思いどおりにいかないイレギュラーなことだらけじゃないですか。そのイレギュラーなことにいちいち右往左往していると、前に進む一歩目が遅くなったり、蛇行してしまったりするので、いい意味で能天気に臨機応変にやっていく。それは僕にとっては自然の流れですね。そのほうが気持ち的にはラクですし」

人生も野球も、イレギュラーなものだから――。

いい意味での楽観主義は、勝負の世界に生きる男にとって必要不可欠なものだ。かつて、石川は**「悩んでいる時間がもったいない」**と語った。そこにあるのは、すでに過ぎ去ってしまった変えられない過去を嘆くよりは、これから新たに創り出すことのできる現在、いくらでも変えられる未来を模索したほうがいい。それが、石川流の人生哲学なのだ。

打たれても前を向く勇気

2021年シーズン、同郷・秋田の後輩である石山泰稚が不調にあえぎ、クローザーからの配置転換を余儀なくされたことがあった。このときに、「先輩として、石山投手にどんな言葉をかけるのか？」と尋ねたことがある。石川は**「頑張っている人に、〝頑張れ〟と言うことはできない」**と言いつつ、こんな言葉を続けた。

「もし、石山に声をかけるとしたら、〝打たれたとしても、絶対に下を向くな。前を向け！〟っていうことですね。どうしても下を向きたくなるけど、やっぱり、下を向いたらダメなんですよ。やっぱり、堂々と胸を張って前を向かなきゃダメなんですよ」

このとき、石川は「今、自分で話しながら、自分自身にも言い聞かせているんです」と笑った。言葉にすることで、自分自身を鼓舞する。そんな思いを抱きながらマウンドに上がり続けてきた。前述したように、プロ入り初となる「開幕二軍スタート」で迎えた2021年シーズン、自分自身が逆境にあるとき、その言葉はさらに力強かった。

「たしかに、逆境であることは間違いないです。でも、

スタートはよかったのに終わりが悪いよりはずっといいと思います。いいゴールを迎えるための試練として、この逆境を楽しみたい。今は、そう切り替えています」

意外だったのは、その口調がとても明るかったことだ。**「いいゴールを迎えるために、逆境さえも楽しみたい」**という言葉にウソはないように思えた。そして、実際にその後、石川は一軍に復帰し、熟練のピッチングを披露することになる。

「チャンス&ピンチ」の思いを胸に

逆境を楽しむ——。

この言葉を裏付ける発言として、石川はしばしば「チャンス&ピンチ」という言葉を口にする。2021年シーズン、彼は一軍復帰後、3戦3勝を記録する。

その際の言葉だ。順境にあっても、決して浮かれた口調ではなかった。

「たしかにいい結果が出たけど、今もまだ僕にとっては一戦一戦がチャンスであり、ピンチです。〝いつ二軍に落とされるか〟という思いは、今でも常に持っています。結果が出なければファーム行きを命じられると思っています。そういう意味では、常にチャンス&ピンチの思いはずっと変わりません」

待ちに待った登板機会が訪れるのは紛れもなくチャンスである。その一方で、せっかく

◆年度別成績

年度	球団	登板	勝利	敗北	防御率
2002	ヤクルト	29	12	9	3.33
2003	ヤクルト	30	12	11	3.79
2004	ヤクルト	27	11	11	4.35
2005	ヤクルト	26	10	8	4.87
2006	東京ヤクルト	29	10	10	4.53
2007	東京ヤクルト	26	4	7	4.38
2008	東京ヤクルト	30	12	10	2.68
2009	東京ヤクルト	29	13	7	3.54
2010	東京ヤクルト	28	13	8	3.53
2011	東京ヤクルト	27	10	9	2.73
2012	東京ヤクルト	27	8	11	3.60
2013	東京ヤクルト	24	6	9	3.52
2014	東京ヤクルト	27	10	10	4.75
2015	東京ヤクルト	25	13	9	3.31
2016	東京ヤクルト	20	8	8	4.47
2017	東京ヤクルト	23	4	14	5.11
2018	東京ヤクルト	22	7	6	4.88
2019	東京ヤクルト	23	8	6	3.84
2020	東京ヤクルト	15	2	8	4.48
2021	東京ヤクルト	17	4	5	3.07
2022	東京ヤクルト	16	6	4	4.50
	通算	520	183	180	3.88

※2007年2、2008年に1ホールド

の機会にミスをしてしまったとしたら、「二度とチャンスを与えられないかもしれない」というピンチでもあるのだ。

若い頃には、常にチャンスが与えられた。しかし、続々と若手ピッチャーが台頭するなかで、すでに大ベテランとなった石川は、自らの手でチャンスをつかみ取らなければならない。もしもつかみ損ねれば、永遠にチャンスは訪れない。それはすなわち、常にピンチでもあるということなのだ。今の石川にとって、チャンスとピンチは背中合わせなのである。

同時に、現在の石川は敏感さと鈍感さの両立も求めているという。

若い頃と比べて、疲れが取れにくくなった。故障からの回復にも時間がかかるようになった。もちろん、長きにわたって投げ続けたことによる勤続疲労もある。当然、若いときのような無理は利かなくなった。自分の身体に耳を傾けて、無理すべき時期、休むべき時期をきちんと見極め、自らの肉体が発する内なる言葉を敏感に感じ取らねばならない。

しかし、慎重になりすぎてばかりでは緩やかに衰えていくだけだ。石川の言葉を借りるならば、「現状維持を目指しているうちは現状維持はできない」のである。ならば、故障をしない程度のギリギリのところまで、あえて鈍感に自分自身を追い込まなければ、どんどん身体機能は衰えていくだけだ。

「年齢に応じて、より敏感に、より慎重になることは大切だと思います。でも、気持ちのスタミナと身体のスタミナのコンディションが一致しないと、一軍のマウンドには立てない。気合や根性論がすべてじゃないけど、気持ちが身体を動かすと思っているし、鈍感に自分を追い込むこと。そういう思いがあるからこそ身体も動くし、より敏感になって身体のケアもする。こうしたことも、いい相乗効果を生み出していると思いますね」

同世代の思いを背負って投げる

冒頭で述べたように、「現役最年長選手」として、

2023年シーズンを迎えた。ここ数年、石川には「新たな思い」が芽生え始めている。それが、「みんなの思いを背負って投げる」という使命感だ。

「僕は1980年の早生まれですけど、僕らの世代は野球少年がごまんといたと思うんです。そのなかで、現在、プロ野球という世界では、僕しか現役選手はいない。あれだけ多くの野球少年がプロを目指していて、今では僕だけになってしまいました。勝手な思いかもしれないけど、みんな同じ志を持ってやってきた仲間だという気がするんです……」

幼い頃、夢中で白球を追いかけた全国の野球少年たちも、中学、高校、大学と年を重ねるうちに少しずつ淘汰されていった。そして、ごくひと握りの選ばれし者だけがプロの世界に身を投じることになった。しかし、「同級生」たちも、次々とユニフォームを脱いでいった。現在の石川は、そうした者たちの思いを背負って投げているのだという。

「最近、〝同世代の石川さんが頑張っていてうれしい〟と言われることが増えたけど、僕のほうこそ力をもらっているんです。ラスト一歩のしんどいときに、その一歩を押してくれる力になる。だから、勝手に背負いたいんです。みんなとのつながりを感じながら、大好きな野球をやっていきたいんです」

みんなの思いを「勝手に」背負うことで、それを自らの力に変えていく——。

その思いこそ、現在の石川の原動力となっているのだ。

石川の取材を続けてきて、いつも感心することがある。それが、彼が持つ「自分で自分に期待する能力」だ。だからこそ、貪欲に若手選手にもアドバイスを仰ぎ、新しいトレーニングに取り組み、常に新球種にチャレンジしているのだ。その意欲があるからこそ、プロの世界でここまで生き抜いてきて、現役最多の白星を積み上げているのである。

「200勝を達成したら、〝何か違った自分になれるんじゃないか〟とか、〝今までとは違った風景が見られるんじゃないか〟というのを想像しながら、今は毎日布団に入っていますね。自分自身、〝この先どうい

うふうになれるのかな〟ってチャレンジできること、この年でまだ現役で野球をできていることに感謝したいなって思いますし、野球選手でいられることにもすごく感謝しています。何よりも、〝この先、自分はどうなるのかな?〟というワクワクがあることが、本当に幸せなことだと思っています」

この発言をしていたときの石川の表情は、まるで野球少年のようだった。

可能性はゼロじゃない

プロ22年目となる2023年シーズン、悲願の200勝までは「残り17勝」で迎えた。前述したように、ここ数年は投げ抹消が続き、年間で15~20試合程度の登板機会に終わっている。与えられたチャンスを、死に物狂いでつかみ取るしかない。道のりは険しいことは間違いない。それでも、石川は真っ直ぐ、前を見据えている。最後に、丸2年間の密着取材において、僕が最も気に入っている石川の言葉を紹介して本稿の結びとしたい。

「僕は、これから全盛期がくると思っていますから。今まで、誰もできなかったことを成し遂げた人って、周りが〝そんなの無理だよ〟と思うことを実現しているじゃないですか。僕だって、今からだって最多勝を獲れるかもしれない。もちろん、それがすごく難しいことだというのはわかっているけど、可能性はゼロじゃない。ならば、それに向かって努力するだけですから。そうは思っていても、なかなか全盛期ってやってこないですけども(笑)」

球界最年長となっても、なおも**「自分の全盛期はこれからだ」**と言い切れる石川のメンタリティー。決して冗談でもなく、強がりでもなく、自己暗示でもない。石川は本気でそう考えている。

彼のピュアな発言を聞いていると、取材をしているこちらもまた、「今年こそ、石川の全盛期がやってくる」と期待感がますます強くなってくる。

球界最年長選手となった今、石川の全盛期は、まさにこれから始まるのだ——。

千賀、甲斐、周東、石川……「育成王国」の秘密

「育成選手」が大活躍――
なぜソフトバンクばかりなのか

取材・文＝広尾 晃（スポーツライター）

第5回WBCの日本代表には甲斐、周東、牧原、宇田川と4人の「育成ドラフト出身者」が選出された。宇田川を除く3人はソフトバンク所属。ご存じのように、ソフトバンクからは今季、初の育成出身メジャーリーガーも誕生した。それにしても、なぜソフトバンクばかり？

日本代表、MLB選手も！

一軍わずか19試合で「侍ジャパン」

3度目の世界一になった第5回WBC日本代表のメンバーで目立ったのは、「育成ドラフト上がり」の選手だ。追加招集も含めた32選手のうち、宇田川優希（オリックス）、甲斐拓也、周東佑京、牧原大成（いずれもソフトバンク）の4人が「育成上がり」だった。

それ以前のWBCでは、2009、2013年に山口鉄也（当時巨人）、2017年に千賀滉大（当時ソフトバンク）が選ばれただけだったから、今回は異例の多さだったと言える。

なかでも宇田川優希は異例の抜擢だった。

仙台大学から2020年育成ドラフト3位でオリックスに入団。1年目はファームでの登板も1試合にとどまり、2年目の2022年も新型コロナウイルスに感染するなどして出遅れるが、ファームで実績を挙げて7月のフレッシュオールスター戦に出場、直後に支配下登録された。後半戦はセットアッパーとしてチームのリーグ連覇に貢献。栗山英樹監督が剛速球と落差の大きいフォークに注目し招集。一軍登板わずか19試合で侍ジャパンのユニフォームに袖を通した。

宮崎キャンプでは錚々たる顔ぶれの選手たちの前で気後れしていたが、ダルビッシュ有に励まされて次第に自信を取り戻し、第2戦の韓国戦、第3戦のチェコ戦に登板した。

1年前にはファームでさえも1試合しか投げていなかった育成投手が、1年後には世界の頂点に立つ侍ジャパンの一員になる。宇田川のシンデレラストーリーは、日本野球機構（NPB）の「育成選手」のステイタス、評価が近年大きく変化したことを象徴している。

公式戦に出場できない

育成選手は、12球団に所属するプロ野球選手ではあるが、一軍の公式戦には出場できない。一軍の公式戦に出場できるのは「支配下登録」された各球団70人だけである。育成選手は二軍の公式戦やオープン戦、非公式戦のみ出場が可能だ。一軍公式戦に出場するためには「支配下登録」され、70人枠に入る必要がある。また育成選手は、3桁の背番号をつけるので、球場でも支配下選手とははっきり見分けがつく。

育成選手のタイプは3つに大別される。

一つは支配下登録枠から何らかの理由で育成枠に落ちた選手。故障や極度の不振などで試合出場できなくなった選手を「70人枠」にとどめておくわけにはいかないので、育成枠に落とすのだ。2021年にFAで巨人に移籍するも右手に死球を受けて骨折し、育成選手になった梶谷隆幸などがそうだ。

もうひとつはドラフト以外のルートで獲得した選手。若手の外国人選手が育成枠で入団するケースが増えている。また藤井皓哉は、広島を戦力外になり独立リーグ、高知でプレーしていたがソフトバンクがオファーして育成枠で復帰した。

この2つのケースは「便宜上」育成枠にした選手たちと言えよう。

3つ目のケース、「育成ドラフトで獲得した選手」こそが純粋な「育成選手」と言える。

前述したように、プロ野球の支配下枠は1球団70人、12球団で840人と上限が決められている。それ以上選手を獲得できないことになっていたが、2005年から「育成枠」が設けられた。育成ドラフトが実施され70人枠とは別に「育成選手」を獲得することができるようになった。ただし、契約金はない。支度金が300万円程度支払われるだけだ。年俸も240万円と格安。さらに契約期間は3年と限られている（再契約は可能）。

正規ドラフトで入団する選手とは待遇面でも大きな差がある。

「育成指名は歓迎しない」

育成ドラフトの対象となるのは一般のドラフトと同様で、高校、大学、社会人、独立リーグとなっているがJABA（日本野球連盟）所属の社会人野球選手は原則として育成ドラフトでは指名されない。明文化されているわけではないが、「社会人野球選手は即戦力であり、育成ドラフトで指名するのはおかしい」という理屈のようだ。ただし、退部した選手が育成指名されるなど例外はある。

当初、育成選手は「〝ドラフト指名未満〟で、少しは可能性がありそうな選手」という扱いだった。筆者は育成枠ができた当初から独立リーグの取材をしてきたが、10年ほど前まで独立リーグ球団の監督や経営者は「育成指名は歓迎しない。入団してもろくに試合出場機会もないままにクビになることが多いからだ。何としても本指名で選手を送り出したい」と言っていた。

育成ドラフト制度ができた2005年から2022年まで延べ479人（1人が2回指名されている）が育成ドラフトで指名されたが、支配下登録され一軍の試合に出場したのは26・5％の126人にすぎない。同じ期間、支配下ドラフトでは重複指名を除いて1394人が指名され80・0％の1115人が一軍試合出場を果たしている。その差は歴然としていた。

ソフトバンクが変えた「育成」のイメージ

こうした認識に変化が起こったのは2010年、ソフトバンクの育成ドラフトだった。

この年、ソフトバンクは6人の育成選手を指名した。

育成1位　安田圭佑・外野手・23歳・四国ＩＬ高知
育成2位　中原大樹・内野手・18歳・鹿児島城西高
育成3位　伊藤大智郎・投手・17歳・愛知・誉高
育成4位　千賀滉大・投手・17歳・愛知・蒲郡高
育成5位　牧原大成・内野手・18歳・熊本・城北高
育成6位　甲斐拓也・捕手・17歳・大分・楊志館高

育成1位から3位までの3選手は一軍の試合に出場することなく退団したが、4位の千賀滉大はパ・リーグを代表するエースに成長。5位の牧原はユーティリティプレーヤーとして一軍に定着。最近は打撃も向上し、中軸を打つこともある。そして6位の甲斐は機敏なフットワーク、強肩に加え、巧みなリードでリーグを代表する捕手になった。

千賀は今年からニューヨーク・メッツに移籍。早くも3勝を挙げるなど活躍（5月初旬現在、以下同）。前述のように牧原と甲斐はWBC日本代表に選抜され、世界一に貢献した。

2010年入団の育成選手が大ブレークしたのは偶然ではない。

ソフトバンクがダイエーからホークスを買収したのは2005年のことだったが、この年、ソフトバンク球団の取締役になった東大卒、元ロッテ選手の小林至氏は孫正義オーナーから「MLBのビジネスは日本より圧倒的に先に進んでいるのだから、日本流とか四の五の言わずに、徹頭徹尾MLBの真似をしろ」と命じられた。その一環として小林氏はMLB流のファームシステムの整備を進めていたのだ。

翌2011年には「三軍」を創設。千賀、牧原、甲斐は新設なった三軍で試合経験を積んで、のし上がったのだ。

2016年には福岡県筑後市に本拠地球場と室内練習場などの本格的な設備を完備した「HAWKSベースボールパーク筑後」を開設した。

小林氏は「コンスタントに優勝争いができるチームをつくるためには、選手の育成が不可欠。そのためには二軍では足りない。発展途上の若手選手は二軍の試合にあまり出られない。選手は試合に出ないと成長できない。MLB各球団ではドミニカのアカデミーを合わせて選手は300人。〝六軍体制〟なのは、勝利のために必要だから。これまで日本では三軍以下の機能を社会人が代替してきた。しかし、企業チームは大きく数を減らし、残ったチームも正社員として選手を抱えることも難しくなってきた。三軍の創設は、自然の流れだった」と語る。

最多勝、盗塁王、開幕投手

ソフトバンクホークスの育成選手からは、以後も主力級の選手が続々と登場している。

２０１３年
育成１位　石川柊太・投手・21歳・創価大
２０１７年
育成２位　周東佑京・内野手・21歳・東京農業大北海道
育成３位　砂川リチャード・内野手・18歳・沖縄尚学高
育成４位　大竹耕太郎・投手・22歳・早稲田大
２０１９年
育成２位・大関友久・投手・21歳・仙台大

石川はサイドスローから繰り出すパワーカーブが売りで２０２０年に最多勝。周東はずばぬけた俊足で２０２０年に50盗塁で盗塁王。リチャードは巨体から飛距離のある本塁打を打ち中軸候補とされる。大竹は技巧派左腕、２０２２年オフに現役ドラフトで阪神に移籍し、早くも３勝を挙げている。そして大関は千賀のメジャー移籍を受けて２０２３年の開幕投手になった。

ソフトバンクは２０２３年から「四軍」を創設。ファームの裾野をさらに広げることで、一人でも多くの有望選手を自前でつくり上げようとしている。

「ドラ１」より「育成」が活躍

ソフトバンクが本格的なファームシステムをつくることが可能なのは、豊富な資金力があるからではある。しかし、ファームに育成選手を１００人抱えたとしても年俸は合わせて２・４億円にすぎない。ＦＡで大物選手を獲得したり、実績あるメジャーリーガーを獲得するより安上がりとみることもできるのだ。

ただ、そのために必要なのは「試合数の確保」だ。ソフトバンクは四国アイランドリーグｐｌｕｓと交流戦を組んでいるほか、今季からは三軍、四軍が九州アジアリーグと定期交流戦を行っている。練習しているだけでは選手は成長しない。選手数が増えれば試合数も増やさなければならない。

一方で、ソフトバンクは２００７年に東洋大の大場翔太を6球団競合で獲得、2015年には県岐阜商の髙橋純平を3球団競合で獲得、2016年には創価大の田中正義を5球団競合で獲得したが、いずれも捗々《はかばか》しい成績を残していない。対照的に育成ドラフトで獲得した選手が成功を収めている。

なお、ソフトバンクは2017年にBCリーグ新潟の渡邉雄大を育成6位で獲得したのを最後に、独立リーグの選手をドラフトで指名していない。ソフトバンクは独立リーグと最も多く交流戦を行っているが、育成指名はそれ以外のカテゴリーから行っている。

これは独立リーグに相当する「育成チーム＝三軍、四軍」を自前でもっているという認識があるからだろう。

12球団の育成選手活用状況

同時期に「育成選手の活用」を考えていたのが巨人だ。

巨人は育成選手を最も早く活用した球団だ。2005年育成ドラフト1巡目の山口鉄也、2006年育成ドラフト3巡目の松本哲也と2人が新人王を獲得している。もともと渡邉恒雄オーナー（当時）がMLB流のファームの拡充を考えていたとされるが、球団代表兼編成本部長の清武英利氏（当時）は、これを受けて「多数競争方式」を導入すべくソフトバンクと同じ2011年に「三軍制」を敷いた。

しかし、この2011年に清武氏が「清武の乱」を起こして巨人を退社。渡邉オーナーも「一場事件」の責任を取って辞任したために、巨人のファーム構想は宙に浮き、確たる方針もないままに存続している。現状ではソフトバンクに次ぐ、多くの育成選手を抱えながら、FAで大物選手を獲得したり、外国人選手をトレードで獲得するなど一貫性のない補強策に終始している。

対照的なのは日本ハムだ。育成ドラフトには長期間参加しなかった。70人枠の中で選手を育成する「少数精鋭」に徹して、ダルビッシュ有、中田翔、西川遥輝、近藤健介、大谷翔平などのスター選手を送り出してき

◆球団別「育成ドラフト選手」の一軍昇格率

球団	育成指名	一軍出場	入団拒否	昇格率	代表的な選手
パ・リーグ					
オリックス	40	10		25.0%	漆原大晟、宇田川優希、大下誠一郎
ソフトバンク	101	24		23.8%	千賀滉大、牧原大成、甲斐拓也、周東佑京
西武	22	8		36.4%	水口大地、水上由伸、滝澤夏央
楽天	35	7		20.0%	中村真人、内村賢介、宮森智志
ロッテ	39	13		33.3%	岡田幸文、西野勇士、和田康士朗
日本ハム	14	3		21.4%	長谷川凌汰、樋口龍之介、宮田輝星
セ・リーグ					
ヤクルト	21	8		38.1%	金伏ウーゴ、松本友、赤羽由紘
DeNA(横浜)	27	10		37.0%	西森将司、国吉佑樹、砂田毅樹
阪神	17	5		29.4%	田上健一、島本浩也、小野寺暖
巨人	104	23	1	22.1%	山口鉄也、松本哲也、戸田懐生
広島	31	6		19.4%	藤井黎來、大盛穂、持丸泰輝
中日	28	9		32.1%	近藤弘基、三ツ間卓也、上田洸太朗
パ・リーグ	251	65		25.9%	
セ・リーグ	228	61	1	26.8%	
NPB	479	126	1	26.3%	

た。しかし近年は、ドラフトで獲得した選手は伸び悩んでいる。そのために2018年に初めて育成選手を指名。以後、14人を育成ドラフトで獲得している。

球団別の育成ドラフト指名選手数と、そのなかから一軍公式戦に出場した選手の数、代表的な育成上がり選手を一覧表にした。

巨人とソフトバンクの指名数が群を抜いている。両球団の一軍試合出場選手は23人と24人で大差ないが、選手の活躍度では大差がついている。12球団で見てもソフトバンクの一人勝ちの印象がある。

前述したとおり、ソフトバンクは育成枠で獲得した選手を三軍、四軍に振り分けて、年間100試合もの試合を行うなかで鍛え上げ、ふるいにかけている。入団してからの「環境の差」も大きいのではないか。

なお、479人の育成指名選手のうち、2009年巨人育成ドラフト3位の金光大阪高・陽川尚将は入団を拒否し、後に阪神に入団している。

「育成」の主力は大学と独立リーグ

育成選手を送り出す側のデータも見ておこう。

高卒で育成指名される選手が一番多いが、一軍昇格率は大学、大卒と独立リーグを経て育成指名された選手のほうが高いことがわかる。

育成指名で活躍する選手の多くは、高校時代は無名で、20歳以後に開花することが多い。大学や独立リーグでもまれているうちに頭角を現しスカウトの目にとまるのだ。

◆カテゴリー別の一軍昇格率

カテゴリー	育成指名	一軍出場	昇格率
高校、高卒	208	37	17.8%
大学、大卒	146	49	33.6%
社会人ほか	20	4	20.0%
独立リーグ	101	35	34.7%
海外大学	3	0	0.0%
米マイナー	1	1	100.0%
	479	126	26.3%

近年、独立リーグのなかには「ＮＰＢに選手を送り出す」ことを経営の根幹にする球団が出てきた。その代表が四国アイランドリーグｐｌｕｓの徳島インディゴソックスだ。２０１３年以降10年連続でドラフト指名選手を出している。指名選手は24人、このうち15人が育成。このなかから増田大輝、戸田懐生（ともに巨人）、岸潤一郎（西武）など一軍で活躍する選手が出ている。

徳島は独自のスカウティングシステムを全国規模で持っている。彼らが目をつけるのは「優秀な素材だったが、ケガをしたり、監督と合わないなどでリタイアしたり、活動を休止したりしている選手」だ。彼らをスカウトし、とくに投手は徳島市内に開設した専属トレーナーのいるジム「とくしまインディゴコンディショニングハウス」でリハビリ、トレーニングをさせて短期間に戦力化している。

そして彼らを早いうちから西武ライオンズなどのスカウトに紹介し、データも送って関係を強化している。

育成上がりで活躍する選手が増えるとともに、「独立リーグ経由で、育成でもいいからプロ入りしたい」と考える選手が出てきている。

２０２０年、当時独立リーグ徳島にいた戸田懐生は「社会人野球に進んでも高卒なら3年、大卒なら2年在籍しないとドラフト指名されない。また社会人からは原則として育成指名はできない。しかし、独立リーグなら1年でドラフト指名されることが可能だ」と語った。彼はこの年、育成7位で巨人に入団している。

「大学や社会人と違い、独立リーグは試合が多いのでスカウトにたくさんプレーを見てもらうことができる」という選手もいる。

こうした変化もあって独立リーグにレベルの高い選手が入団するようになった。彼らは「目の色が違う」。独立リーグで大活躍してスカウトの目にとまり、ドラフト指名されるために死に物狂いでプレーする。結果、独立リーグそのもののレベルも上がった。

ただ、球団側の意識として「独立リーガーは絶対に入団を断らないから、本当は本指名すべき選手でも、経費節約で育成指名する」ようになった。これも育成指名から出世する選手が増えた原因だと言えよう。

◆大学、独立リーグ別の育成指名選手数

大学	指名	一軍出場	主要な選手
仙台大	5	3	大関友久、宇田川優希、佐野如一
九州産業大	5	0	
白鴎大	4	3	金伏ウーゴ、ミランダ、大下誠一郎
東京農業大北海道	4	2	飯田優也、周東佑京
明星大	4	1	松原聖弥
東北福祉大	4	0	
福岡大	3	2	宮田輝星、中島彰吾
法政大	3	1	石川達也
立正大	3	1	神戸文也
神奈川大	3	0	

リーグ	球団	支配下ドラフト		育成ドラフト		主要な育成ドラフト選手
		指名	一軍出場	指名	一軍出場	
四国アイランドリーグPlus	香川オリーブガイナーズ	8	7	15	8	亀澤恭平、水口大地、西森将司
	徳島インディゴソックス	9	7	15	4	増田大輝、木下雄介、戸田懐生
	愛媛マンダリンパイレーツ	2	2	6	4	土田瑞起、西山道隆、中谷翼
	高知ファイティングドッグス	2	2	6	1	宮森智志
ルートインBCリーグ	信濃グランセローズ	1	0	9	3	赤羽由紘、星野真澄、笠井崇正
	富山GRNサンダーバーズ	1	0	7	3	湯浅京己、和田康士朗、野原祐也
	新潟アルビレックスBC	1	1	6	3	樋口龍之介、渡邉雄大、長谷川凌汰
	埼玉武蔵ヒートベアーズ	1	1	6	2	三ツ間卓也、松岡洸希
	群馬ダイヤモンドペガサス	0	0	5	0	
	石川ミリオンスターズ	3	2	5	2	大村孟、長谷川潤
	福井ワイルドラプターズ	3	2	4	4	松本友、柳川洋平、片山雄哉
	茨城アストロプラネッツ	0	0	3	1	小沼健太

■＝現在は他のリーグ
■＝解散

ソフトバンク以外の11球団にとって、独立リーグは低コストで一定の人材を確保できる戦力供給源になっている。

また、支配下ドラフトの場合、東京六大学が上位に来るが、育成の場合は新興の大学、地方の大学からの指名が多いことがわかる。

独立リーグのドラフトでは、かつては香川が圧倒的な実績を誇ったが、近年、徳島が前述したように追い上げている。ルートインBCリーグでは信濃がNPBに最も多く輩出している。

今季開幕時点でNPB現役選手は1013人とついに1000人を超えた。育成選手は昨年の188人から226人と大幅に増加した。育成選手への期待感が高まっていると言える。

育成選手の新たなスター候補

2023年シーズンの開幕戦、オリックス・バファローズは、前年育成4位で徳島から入団した茶野篤政を8番・左翼でスタメン起用した。前年育成ドラフトで入団した選手が開幕スタメンで起用されるのは史上初。

茶野は開幕戦で安打を放つなど打撃好調。4月6日のソフトバンク戦には1番に抜擢されている。4月9日には打率4割1分4厘で打率1位にもなった。

茶野は中京学院大中京から名古屋商科大を経て徳島に入団。2022年秋には「独立リーグに入団してからNPBを意識した。育成でも何でもいいからプロに行きたい。それ以外のことは考えられない」と語っていた。その強い意志が未来を拓いた。

スーパーエリートが華やかな出世街道を突っ走るのを見るのも楽しいが、まったくのノーブランドの選手が不屈の闘志で這い上がるのを見るのもまた野球の醍醐味だ。今季も「あの選手は誰だ？」と、育成上がりの選手にファンが沸き立つシーンが見られるはずだ。

スポーツ新聞が書かない
あの球団の「特定機密」！

球界タブー情報

メジャーに気色ばむ主力選手、理論派監督の武闘派な過去、人気球団の監督人事をめぐるお家事情、名物オーナーの現場介入が露見したあの球団……ペナントの行方を左右しかねない、球界のあぶない話！

取材・文＝宝島プロ野球取材班

WBCでの「ダル&大谷」効果と阪神・藤浪「4億円」契約でメジャー志望者が急増中!?

WBCの1次ラウンドが開催された東京ドームでは、メジャーのスカウトが大挙してネット裏に陣取った。

「このオフにポスティングシステム（入札制度）で海を渡るであろう山本由伸（オリックス）、今永昇太（DeNA）、松井裕樹（楽天）の最終調査はもちろんですが、日本はじめアジアの無名の若手選手の発掘目的もあった。ドジャースのフリードマン編成本部長はスカウトを引き連れて宮崎合宿まで足を運んでおり、侍ジャパンの投手陣を入念にチェックしていました」（連盟担当記者）

今大会をきっかけに日本人メジャー選手が大量に誕生する可能性があるという。

「侍ジャパンの面々はダルビッシュ有（パドレス）と大谷翔平（エンゼルス）に大きな影響を受けた。投手陣はダルビッシュにスライダーやカットボールを伝授され、大会中に実戦で試して結果を出した選手も少なくなかった。試合前に入念な準備をする大谷の姿は野球人として見習うべきものがあり、二人に感化されてメジャー志向が強まった選手もいる。

さらに昨シーズンオフにメジャー球団と契約した日本人選手の破格の年俸も夢を与えた。メッツと契約した千賀滉大が5年総額105億円の大型契約を結び、吉田正尚はレッドソックスと5年総額123億円。何といっても、阪神で年俸4900万円だった藤浪晋太郎がアスレチックスと約10倍の4億3900万円の1年契約。これらが日本選手のメジャー流出を加速させることになるでしょう。パドレスやヤンキース、メッツなど金満チームから札束を積まれればメジャー行きを決意するのではないか」（日本人代理人）

佐々木朗希（ロッテ）や村上宗隆（ヤクルト）はいずれ海を渡るとみられているが、メジャーリーガーを相手に好投した今永昇太や戸郷翔征、大勢（ともに巨人）だけでなく、決勝戦で本塁打を放った岡本和真が「メジャーに呼ばれるような選手になりたい」と巨人の「4番」までもが口にするようになった。

「とくに投手の評価が上がった。伊藤大海（日本ハム）、宇田川優希（オリックス）、髙橋宏斗（中日）、髙橋奎二（ヤクルト）、湯浅京己（阪神）、宮城大弥（オリックス）といったWBC組に加え、上沢直之（日本ハム）、青柳晃洋（阪神）、森下暢仁（広島）、小笠原慎之介（中日）、西純矢（阪神）、今井達也（西武）、山下舜平太（オリックス）といった20代の投手がメジャー球団にリストアップされていると聞く。新人の意識も変わり、ロッテのドラ1、菊池吏玖は〝いずれメジャーでやりたい〟と入団会見で口にしている」（前出・連盟担当記者）

日本野球は世界の頂点に立つ水準にある。それでいながら年俸の日米格差がここまである。これが解消されない限り、人材流出は止めることができないのではないか。

今や「阪急タイガース」!? 岡田監督就任でわかった「阪神阪急HD」のお家事情

好調阪神の指揮を執っているのは15年ぶりにユニホームを着ることになった岡田彰布監督だが、阪神の元球団幹部のひとりは「岡田阪神誕生は阪急タイガース元年の象徴」だと言う。

これまで阪神球団のオーナーには阪神電鉄のトップが就任してきた。2006年に阪神電鉄と阪急電鉄が統合して阪急阪神ホールディングス（HD）が発足したあとも、球団オーナーは阪神電鉄出身者だった。

「プロ野球オーナー会議は〝阪急と阪神の統合により球団保有者が変更した〟として日本野球機構への預かり保証金30億円の支払いを求めたが、阪急阪神HDでは〝球団経営は阪神電鉄が行う〟ことで大幅に減免された。そのため統合時に〝阪神タイガースは阪神電鉄に任せる〟とHD内で書面が交わされている」（全国紙経済部記者）

2022年のキャンプ前に辞任表

明した矢野燿大監督の後任として平田勝男二軍監督の昇格が報じられたが、9月になって事態が大きく動いた。急転直下、岡田監督が誕生したのだ。前出の元球団幹部によれば「阪神タイガースの監督人事に阪急サイドが口を挟んだ初めてのケース」だったという。

「統合時の書面には10年の期限が記されており、2017年以降は阪急サイドも球団運営に意見が言えたが、最終決断は球団に任せてきた。実は監督人事問題が起きるたびに阪急側は岡田氏を候補に挙げてきたが、実現しなかった。歯に衣着せぬ発言をする岡田氏は球団幹部にとって煙たい存在。戦力を擁しながら優勝できないチームの再建は内部昇格では改善されないと判断した阪急サイドは、今年66歳の岡田氏が監督となる最後のチャンスとみて勝負に出たのでしょう」

しかも、岡田監督誕生後の12月には、阪神球団オーナーに阪急電鉄出身者として初となる杉山健博氏が就任している。

「阪急阪神HDが監督人事に介入したことで、陰のオーナー（阪急阪神HD角和夫会長＝阪急電鉄出身）の球団運営への影響はさらに拡大する可能性が高い。勝てるチームを目指すことも重要だが、HDの最終目的は客を呼べるチームにすること。すなわち藤川球児や鳥谷敬といった人気OBに将来的な監督を継承させる方向に導くのではないか」（前出・元球団幹部）

阪急阪神HDが主導権を持ったことで阪神球団の人事が、どう舵が切られていくのか注目される。

試合中に現場介入!? ホリエモンが暴露した楽天・三木谷オーナーの「電話」

シーズン開幕後、最下位争いを繰り広げているのが日本ハムと楽天。楽天の石井一久監督は監督就任3年目を迎えたが、順位はこれまで3位、4位。今季から兼任していたGM職を外れて監督に専念し、背水の陣で臨んでいる。

そんな楽天には〝神〟がいる。楽

天グループの総帥、三木谷浩史会長だ。その三木谷氏が、楽天球団の打順に口を出したり、試合中に球団側へ電話をしたり、現場に介入している——まさかの話が、まさかの人物の口から語られた。

実業家の堀江貴文氏がオーナーを務める独立リーグ「北九州下関フェニックス」の試合ネット中継に登場した際、楽天の元球団社長・立花陽三氏から聞いた話として、「(俺は)三木谷さんみたいに現場に口を出さないから。(三木谷氏は)すっごい出すらしいよ。大変だったらしいよ、もう。打順まで言うらしいよ。試合中まで電話をかけてくるらしいよ」と、あっけらかんと暴露したのである。

さらに、2015年に楽天の監督を務めた大久保博元氏(現読売ジャイアンツ一軍打撃チーフコーチ)は、元巨人の左腕・高橋尚成氏のYouTubeチャンネルで「言うほど(現場に)入ってこない」と前置きしつつも、三木谷氏から「この選手、使わないほうがいいんじゃない?」と言われた真逆のエピソードを吐露した。

「三木谷氏は楽天の試合映像を何度も見直しているのだそうです。データも踏まえたうえで、考えているうちにアイデアが浮かんできて現場に連絡してくる。MLBの球団オーナーがそうなんです。三木谷氏も同じ感覚なのかもしれません。その点、石井監督は対応力が高い。MLBのGMは、オーナーの意向をチームづくりに反映させることがミッション。メジャー39勝左腕で、昨年までGMを経験した石井監督にとっては三木谷氏からの電話も、むしろ普通だととらえているのかもしれません」(スポーツ紙デスク)

石井監督はGMとして、生え抜き選手を放出して他球団から若手を獲得するなど、メジャー流の編成を行ってきた。日本球界でもMLB方式が年々進んでいけば、他球団でも〝オーナーの電話〟が新常識になってくるかも?

ホリエモンに暴露された三木谷氏

崖っぷちの「新庄効果」WBC優勝でまさかの日本ハム「栗山監督」待望論

総額600億円をかけた新本拠地「エスコンフィールド北海道」で公式戦開幕を迎えた日本ハム。こけら落としが黒星スタートとなり、開幕直前に新庄剛志監督が公言した「20戦全勝」でのロケットスタートとはいかなかった。

昨年の開幕試合では宙に飛ぶバイクで登場するなど監督がひとり目立っていたが、今年はパフォーマンスを一切封印。「優勝しか目指さない」としていたのだが、開幕から黒星が先行して最下位に沈んでいる(4月23日現在)。

「4月に二刀流のドラ1新人・矢澤宏太がプロ初打点を記録し、ドラ2右腕の金村尚真も初勝利を挙げた。KJM(清宮幸太郎、野村佑希=ジェームス、万波中正)が活躍するなど若手が成長している。今後の巻き返しの可能性は十分にあります」(担当記者)

ところが、北海道のファンがイマイチ盛り上がっていないのだ。

「昨年は〝トライアウト〟と位置付け、選手の成長を優先させた。ファンとしては優勝を目指さないチームを1年間応援してきたが、今年も開幕から最下位独走ではね……。開幕直後は日本一の新球場ということで盛り上がりましたが、ゴールデンウィークのチケットもなかなか完売にならない」(同前)

ファン離れということになれば、黙っていられないのが球団フロント。チームづくりを自由にやらせた昨シーズンはまだしも、今シーズンも昨年の再現となれば反発は必至だ。

「今年はコーチだけの責任で終わらない。新庄監督は1年契約ですし、チームの成績が悪く、新球場の客足が伸びないとなれば、解任されてもおかしくない。そうなれば後任はGMの稲葉篤紀が既定路線ですが、客足が低迷したとなれば、あの人の登板しかないでしょう」(地元紙記者)

「あの人」とは世界一になった侍ジ

ャパン監督の栗山英樹氏のことだ。栗山氏はエスコンフィールドのある北広島市に近い栗山町に居を構え、北海道では絶大な人気を誇る。

「名前と町名が同じという縁で栗山町の観光大使に就任した。その後、町内に土地を購入し、自宅を構えて生活を始めた。『栗の樹ファーム』と名付けた野球場を開設するなど地元に根付き、WBC優勝後に栗山町で開催されたイベントには多くの町民が集まって祝福をした。新庄人気に対抗できるのは栗山氏しかいない。幸い栗山氏は日本ハム球団のプロフェッサーという肩書があり、可能性はあると思います」（同前）

新庄人気より栗山人気が上回るなど、誰が予想しただろうか。

2年連続「投手四冠」「山本由伸」のメジャー行きオリックスが容認の理由

一昔前は地味すぎる球団。しかし、今のオリックスは輝いている。2021年から2年連続リーグ優勝を果たし、2022年は前年に日本シリーズで敗れたヤクルトに雪辱。第7戦を5-4で辛勝し、26年ぶりの日本一となった。野手では2度の首位打者となった吉田正尚、投手では史上初の2年連続投手四冠の山本由伸がチームを牽引していた。

このオリックス、2021年は12球団で最も年俸の安い球団だった。日本プロ野球選手会が発表した年俸調査結果によると、年俸総額は12球団トップがソフトバンクの41億5948万円、平均年俸額6932万円。一方、オリックスは総額16億1028万円、平均年俸額2640万円。いずれも最下位。ソフトバンクの4割に満たないという悲しい数字となった。

そのなかにあって、2021年シーズン2億8000万円だった吉田の年俸は、2022年は入団7年目で4億円の大台に乗った。山本も1億5000万円から3億7000万円と倍増以上となり、そして、昨年オフの契約更改では何と6億5000万円にジャンプアップ。球団では過去に2015~18年の金子千尋の6億円が最高額だったが、現役最高右腕は「6億円の壁」を突破した。

「そろそろ〝売り時〟だということです。資金が豊富な読売ジャイアンツとは違って、年俸を安く抑えている球団で史上最高額の選手が誕生した時は、翌シーズンのポスティングシステムで球団に入ってくる譲渡金、つまり〝収入〟が期待されている。セ・リーグではヤクルトの2001年石井一久をはじめ、2004年の岩村明憲、2011年の青木宣親がその例。制度利用としてはセ・リーグ最多の3人がMLBへ移籍しました。青木の時は年俸3億円の壁を突破したことで『次のオフに移籍だな』と囁かれたもの。プロ野球を目指す若者たちの間では、MLBを目指すなら、行きやすい球団はヤクルトという認識になっています」(スポーツ紙記者)

吉田は2022年オフに入札制度を利用し、レッドソックスへ移籍。球団には入札制度で21億6000万円が入り、約1年分の全選手年俸をペイできることになった。山本は今オフに入札制度によるMLB移籍の希望をすでに球団側に伝えており、今オフのアメリカ行きは必至。今後パ・リーグでは、「MLBに行きたいならオリックス」が定説になりそうだ。

ロッテがなぜか絶好調!「最強指揮官」説も囁かれる〝理論派〟吉井監督の「ヤバい」過去

一人称は「ワシ」。趣味は競馬。あけっぴろげな人柄で、年齢のままに白髪も染めない。ここまで聞けば、「近所のおっさん」の説明にも似ている。しかし、これはロッテ・吉井理人監督のことだ。長年プロ野球を取材するスポーツ紙記者が説明する。

「若い頃は血の気が多いことで有名で、二軍監督に食ってかかったり、コーチとケンカしたり。チームメートとケンカして風呂で背負い投げをしたという武勇伝もあります。でも、ただ短気なのではなく、ウソや理不尽に対して怒る。つまり、熱血漢なのです」

　強豪・箕島高校（和歌山）から1983年ドラフト2位で近鉄に入団。プロ5年目の1988年に50試合登板で10勝2敗24セーブ、防御率2・69で最優秀救援投手を受賞した。打ち込まれた時はベンチ裏で暴れるのが常だった。1995年、ヤクルト移籍後は先発に転向し、その後はNPB史上初のフリーエージェント（FA）権を行使してメッツ入り。MLB3球団を経験し、2007年にロッテで現役を引退した。

　熱血漢、かつ理論派でもある。引退後に筑波大大学院でコーチング理論を研究し、体育学の修士学位を取得。自分が現役当時に味わった理不尽を強要せず、科学的な理論を持ち、選手を見守る熱血漢となれば、言うことなし。投手コーチとしては、日本ハムでダルビッシュ有（パドレス）、大谷翔平（エンゼルス）、ロッテではルーキー時代の佐々木朗希を育てた。今年はロッテの監督に加えて、侍ジャパンの投手コーチも兼任。指導者として、いま〝最強〟とも言える。

「自分が現役時代にコーチからされて嫌だったことは、自分が指導者となっても選手に対してやらないと決めているそうです。教えるのではなく、選手自身に考えさせる。だから、選手自身の気づきも増える。おのずと選手の力が上がっていくわけです」（スポーツライター）

　そして、ユーモアもある。近鉄の後輩にあたる右腕・田中祐貴が、右肩の手術を経て2009年、ヤクルトで19試合に先発して復活。スローボールを得意とする幻惑投法について、当時日本ハムの投手コーチだった吉井監督は「ロレックスのパチモンを売る悪徳商人のようだ」と称えた（？）ことがある。今季は4試合目で監督就任初勝利を挙げると、「このまま勝てないでクビになっちゃうかと思いました」。

　率直な吉井監督の言葉、そして采配にも注目だ。

コーチ論についての著書もある理論派

10年間で6度の日本一！“最強”ソフトバンクの「ドラ1」投手が大成しない“怪”

パ・リーグ最強チームといえば、昨年までリーグ連覇のオリックスはもちろんだが、過去10年間で4度リーグ制覇しているソフトバンクという意見も根強い。その10年間でクライマックスシリーズを勝ち上がり、日本シリーズを制すること6度。ソフトバンクは長期にわたって強さを誇っている。

　しかし、そこに一点の曇りがあるとすれば、「ドラフト1位の投手が大成しないこと」だ。さかのぼれば、２０１３年のドラフト1位右腕・加治屋蓮が、セットアッパーとして２０１８年に球団最多72試合に登板したが、２０２１年に阪神へ移籍。２０１４年の松本裕樹は、プロ8年目の昨季44試合に登板して15ホールド、20ホールドポイントと活躍したが、２０１５年以降の「ドラ1投手」は、いまひとつ実績が出ない。２０１８年の甲斐野央には今季ブレークが期待されるが、２０１９年以降の1位指名は野手が多く、２０２１年のドラフト1位右腕・風間球打《きゅうた》は、4月に腰椎分離症でリハビリ組に合流してしまった。それでも、ソフトバンクは強い。

「ソフトバンクは選手層が非常に厚い。２０１１年に球界に先駆けて三軍制を導入してからは、育成選手からスター選手が誕生し続けています。育成選手であっても、光るものがあれば支配下登録、そして一軍で活躍できる道が開かれている。三軍制を導入してから、その傾向は顕著になりました。ソフトバンクでは、入団してからは平等な競争が行われているんです」（スポーツ紙記者）

　ソフトバンクでは育成選手出身のスターが多い。野手では東京２０２０五輪で金メダル、今年のＷＢＣで世界一となった甲斐拓也、同じくＷＢＣメンバーの周東佑京、牧原大成。投手では千賀滉大が今季から5年契約１０５億円でメッツへ移籍。育成選手１年目の年俸は２７０万円であり、平等な競争は夢のある下剋上を可能にしている。

ソフトバンクは今季、プロ野球界初の「四軍」を導入した。12球団最多の１２１選手が所属しており、さらに競争は激化するだろう。「ドラ1投手」の活躍がなくても、結果を出せるところが「育成のソフトバンク」のすごみとなっている。

盟主・巨人が最下位争い 長距離砲が短距離砲に—— 「アーリーワーク」原因説を追う!

球界の盟主が苦しんでいる。

巨人は今季、開幕カードは勝ち越したが、2カード目から4カード連続で負け越し。4月23日の時点では5位と、中日と最下位争いをしている。リーグ優勝は２０２０年を最後に、２０２１年以降は3位、4位と右肩下がり。球団史上初となった１９７５年以来の最下位もチラついてくる。

不振の原因究明が急がれるが、目下その対象となっているのが、昨年の秋季キャンプから導入されたアーリーワークだ。秋季キャンプでは朝6時30分から、今年2月の春季キャンプでは朝7時から練習を開始。ノルマは一日当たり２０００スイングで、春季キャンプではベテラン勢もこなした。シーズンイン後も全体練習の2時間前に開始。これが賛否両論を呼んでいる。

「アーリーワークはＭＬＢ流だといわれますが、そもそもアーリーワークは打撃練習ではなく、体幹などを鍛えるトレーニングのことを指します。打撃練習はあくまで『早出練習』。本来のアーリーワークとは、似て非なるものです」(ＭＬＢ担当記者)

その〝早出練習〟の内容にも、疑問の声が上がっている。

「連続ティー打撃の比重が高いですが、長打を打つ選手には逆効果。連続ティー打撃ではテークバックがどうしても小さくなりますから、ボールに対してアジャストしていく距離が短くなる。長打を打つには、その距離を長くしなければいけません。

下位打線を打つ選手には有効な部分もありますが、リストを返してヘッドスピードを上げる癖がつく。これまで低迷していた選手を底上げすることはできますが、中軸を担う選手には不向きな練習です」（データアナリスト）

巨人は4月23日時点で、チーム長打率はリーグ2位の3割6分7厘、本塁打数はトップの18本。しかし、丸佳浩はコンディション不良に陥って打率1割台と低迷し、坂本は3番から7番に降格した。WBC帰りの岡本和真は打率3割5分1厘と好調で、「春季キャンプ後半は代表合宿に行ったことで、連続ティー打撃をやらずに済んだからでは、ともいわれています」（スポーツ紙記者）。

スポーツ紙では巨人の記事の面積が日に日に小さくなる一方。セ・リーグの熱いペナントレースには、巨人復活が待たれるところだ。

広島で〝愛されすぎる男〟「新井貴浩」監督就任で珍妙グッズが続々発売の裏事情

右を向いても新井さん、左を見ても新井さん。広島では、今季就任した新井貴浩監督のポスター、写真が至るところに飾られている。マツダスタジアム内にあるグッズショップには高さ6・6メートル、幅5・8メートルの巨大な壁面いっぱいに新井監督の写真パネルがそびえ立つ。ラッピング電車が走り、就任が決定した昨秋には広島きっての百貨店「福屋広島駅前店」で「頼むぞ！新井さん」と題して巨大パネル、写真、用具などの記念展示が開催された。

天然キャラでも知られる「新井さん」

いまだに「新井さん」と呼ばれて親しまれる指揮官。ユニークなグッズ開発で知られる広島が黙っているわけがない。

新井監督は現役時代、２０１６年８月７日の巨人戦で逆転サヨナラを放ち、右膝をついて右腕を突き上げるという珍しいガッツポーズを披露した。この「伝説のガッツポーズ」はその後も、ネット上でコラージュによく使用されるほど根強い人気を誇り、オフィシャルグッズショップでは今季、そのガッツポーズをあしらったＴシャツや手ぬぐいのほか、そのガッツポーズをパッケージにどデカくプリントしたＢＯＸティッシュを発売した。

パッケージには写真のほか、前向きになれる新井語録を多数収録。なぜティッシュなのかといえば、「過去の負けは水に流す」という、これまたポジティブシンキングの発想なのだという。

当の新井監督は、「天然」として知られるが、監督就任後も天然ぶりを発揮している。

「新井監督は先日、テレビ番組に出演した際に『インスタグラマーって何ですか？』と疑問を口にしたんです。みんなから説明されると、『ガラケーしか持っていないので』と。放送は3月下旬だったのですが、新井監督は２０２２年11月から、公式インスタグラムを始めているんですよ。ガラケーじゃできないはずなのに（笑）。昔、歌手の松本伊代さんがエッセイ本を出版した時に『初めてこれを見たので、私もよく読んでいないんだけど』と発言し、ゴーストライターの存在を明かしてしまいましたが、それと似た感じの空気になりましたね（笑）」（スポーツ紙デスク）

愛される新井監督の勢いは止まらず、顔を３Ｄスキャンしたリアルな「３Ｄフェイスステッカー」も販売されている。チームは４月23日現在、４位と低迷中だが、同16日のヤクルト戦で田中広輔が放った満塁弾を「血が沸騰するような本塁打」と表現し、ファンの間では新たな「新井語録」の誕生と盛り上がっている。

第二章

「新戦力」という恍惚と不安

横須賀の街は
ペリー来航以来の大騒動！

横浜ファンの恍惚と不安、二つ我にあり

なぜ「サイ・ヤング賞」投手が横浜に!?

2020年の「サイ・ヤング賞」投手である。現役バリバリ、正真正銘の超一級品メジャーリーガーが横浜にやってきた。でも、なぜ横浜に？　もちろん、このスーパースター、「問題」はある。しかし、その不安を凌駕する期待感もある——横浜の球団を愛し続けるライターの恍惚と不安。

取材・文＝村瀬秀信（ライター）

バウアーが来た。

ウソだろうと思ったが本当に来た。2020年サイ・ヤング賞投手。つい先日までメジャーリーグの現役トップだった選手が日本に、ベイスターズにやってきたのだ。

これはとんでもないことである。メジャーリーグに造詣の深い方々の意見では、額面どおりの活躍をすれば15勝、いや20勝は堅いと言われている。全米でも十指に入るであろうあのバウアーが、1年契約4億円。メジャー時代の9割引という驚きのプライスで、今やベイスターズのユニフォームを着て、横須賀の二軍施設でトレーニングして、赤い京急で通勤して、金沢文庫のスポーツ店でグローブを買って、ファンにサインをしている……。横須賀の街は浦賀にペリーが来て以来の大騒動となっているというのも無理はない。

ただ、本当にこの事実をそのまま鵜呑みにしていいものなのか。いや、本心を言えば入団決定以来、バウアーのことを思うたびに飛び上がりたくなるような喜びの衝動が襲ってくるのである。だが、その一方で、湧き上がってくるモヤモヤとした不安があることを告白せねばならない。その原因の大半は、バウアーYouTubeの自動翻訳機能のイカれっぷりによる情緒の不具合だというのはわかっているが、あまりにも話がうますぎて「何かある」と思わずにいられない。それは真夜中に「サイ・ヤング賞投手、差し上げます」というタイトルのDMが届いたような、不穏さに似たり。

バウアーが本物のメジャーリーグのスーパースターで、心新たに日本の野球に真摯《しんし》に挑戦しに来たのか。それとも、アメリカのメディアが報じてきたような性格の悪い暴れん坊が、自らのDVでメジャーリーグでプレーする機会を失ったために、日本野球をおちょくるために来日したのか――。

大物外国人選手と日本野球

入団決定の一報を聞いた時は、どちらの可能性もあるのではないかと考えていた。バウアーは大学時代に代表戦で来日して以来、日本野球に興味を持っていて、2019年には横須賀の二軍施設「DOCK」を見学に訪れていたり、2020年、FAになった際もNPBからのオファーも心待ちにしていたと発言するなど日本に好意を抱いていることは感じていた。

だが、その一方で「大物」と呼ばれたメジャーリーガーにまつわる嫌な記憶が蘇る。「地球の裏側にもうひとつのベースボールがあった」と小バカにする〝赤鬼〟ボブ・ホーナーならまだカワイイ。最悪は1995年に年俸4億5000万円でダイエーホークス（現ソフトバンクホークス）に入団した問題児ケビン・ミッチェルだ。

経歴はバリバリのMLBトップ選手だが、無断欠勤、行方不明にすっぽかしの常習犯で、プライベートでも暴行事件に婦女暴行疑惑と問題行動のデパートといわれた。開幕戦初打席満塁ホームランとド派手なデビューを飾るも、「熱が出た」「足が痛い」と休みだし、米軍基地のクラブで朝まで飲み歩く姿を写真週刊誌に撮られ、「日本人は汚い。嫌いだ」と捨てセリフを吐いて無断帰国。最後は年俸の未払い問題で裁判にまでなった最悪の助っ人。

元阪神のランディ・バースは「実力がある選手なのにMLBのどこの球団も契約を結ぼうとしないのは問題があるから。ミッチェルの場合はトラブルメーカーであったことが理由なのはわかりきっていたこと」と、ごもっともな意見を述べている。

サイ・ヤング賞投手が日本球界に来たことは、実は初めてではない。1962年にドラゴンズでプレーしたドン・ニューカム以来だという。ジャッキー・ロビンソンらと並ぶメジャーリーグにおける黒人選手のパイオニアであり、初代サイ・ヤング賞を獲った伝説的な投手である。ただ、ニューカムが来日した時は38歳。すでに引退して故郷で酒屋をやっているところを「バッターでもいいから」とスカウトされている。シーズンは打者としてプレーし最終戦のどさくさで1試合だけ投げてもらったようだが、これも結局は50年前にレコード大賞を獲った演歌歌手が、地方の盆踊りに来てくれたような感じか。

「来日の真意」とは？

そんな過去の例も含めて考えると、バウアーの加入も、いいほうに出ればベイスターズは高い確率で優勝する。間違いなくする。あれだけの投手である。若い投手が多いチームにおいて間近でその存在を感じられる経験は計り知れないだろう。とくに今季の投手陣は今永、大貫、石田、平良、東に濱口と球団史上最高の状態と言えるほど先発陣が揃っているのだ。4月の時点で単独首位。過去に記憶のないほどの最高のスタートを切った。投手たちの調子もすこぶるいい。優勝できる。そんな機運が高まった時だけに、バウアーがもし悪いほうの影響力をチームに及ぼすようであれば、チームが瓦解することだって十分に考えられる。

見極めなければならない。〝バウアー来日の真意〟は今シーズンのベイスターズ、いやセ・リーグペナントレースの行方を左右する大きなトピック。そして、今年の3月にアメリカを破ったWBCと同じぐらい、日本野球が次の段階へと進むか否かの大きな歴史の転換点となり得るような気すらしている。

ちなみにこれを書いているのは4月22日である。いま現在、筆者の目の前に開かれた未来はバラ色に輝いている。バウアーが横須賀で行われたファームの埼玉西武戦で初登板を果たし、前評判どおりのとんでもないピッチングを披露してくれた。4回6奪三振無失点。キレッキレのスライダーにカットボール、新球スプリットチェンジなども圧巻なのだが、3回にランナーを得点圏に進めてからのギアチェンジ。打者2人をストレートだけで連続3球三振。6球で仕留めた場面は、これぞサイ・ヤング賞投手ともいうべき圧巻のピッチング。

さらには日本野球へのリスペクトや野球に対して研究熱心な姿も垣間見え、すでに「すまない。疑って悪かった」「トレバーは日本野球史上最高の助っ人外国人投手だ」と許しを請いたがっている自分がいる。

この本の発売日は5月下旬だとか。予定の一軍デビューは果たしているだろう。そっちのバウアーはどうだ？　元気でいるか？　街には慣れたか？　友達できたか？

年俸30億円分はドジャース負担

なぜ、ＭＬＢのスター選手であるバウアーが日本球界へ来たのか。理由はある。

メジャーリーグ通算10年で２２２試合に登板し83勝69敗。２０２０年にはレッズで防御率１・73、ナショナルリーグのサイ・ヤング賞を獲得した史上最高（予定）の助っ人、トレバー・バウアー。２０２１年２月には３年１億２０００万ドル（当時のレートで約１０７億円）の大型契約でドジャースへ移籍したが、その年の５月に例の問題が起きる。

ＳＮＳで知り合った27歳の女性から、性行為中の首絞めや暴行などセンセーショナルな「合意していない性的暴行があった」とロサンゼルス上級裁判所に訴えを起こされている。６月28日まで17試合で８勝を挙げる活躍を見せていたバウアーは、「性行為の合意」を大前提とし、さらには女性から受け取ったという首絞めなどの荒っぽい行為を求めるメッセージの証拠などもあるとして、「合意がない暴行行為」という申し立てに対して真っ向から反論した。

バウアー自身が容疑を否定し、逮捕もされていないことからドジャースのロバーツ監督は、変わらずに先発起用を明言していたが、ＤＶ問題に関してはかなり厳しいとされるＭＬＢは７月２日にバウアーを制限リストに入れ、独自調査を行うことを発表。そして、２０２２年４月29日から３２４試合の出場停止処分が科せられた（のちに１９４試合に軽減）。警察の捜査は２０２２年２月に証拠不十分で不起訴となっているのだが、同年１月７日、ドジャース球団は「彼は今後も組織の一員にはならない」とバウアーの契約解除を宣言。２０２３年度の年俸２２５０万ドル（約30億円）はドジャースが負担することでリリースとなった。

家なき子となったバウアーは、果たしてどこへ行くのか。ＭＬＢの各球団は、これだけの才能がある右腕に対して、どこも手を出そうとはしなかった。なぜか。

鬼神の如き投手は同時に奇人でもあった。

メジャーリーグ10年間でのバウアーの自由奔放な振る舞い、そして時にクレイジーが過ぎるパフォーマンス――。バウアーの問題行動が、彼らに獲得を思いとどまらせているようであった。

女子大生に嫌がらせメール40通

そう、自由奔放。バウアーは形にとらわれない。エキセントリックに愉快な野郎で、頭の回転がすこぶるいい。だから、ある意味では誠実だ。インディアンス時代、自分を悪し様に罵るヤツがいれば、たとえ相手がメジャーリーガーであろうと、21歳シロウト女子大生のSNS上でのつぶやきであろうと、徹底的にやっつける。女子大生には「わがファンクラブへようこそ」とキスの絵文字で返信するのを戦闘開始の合図に、3日でおよそ40通の嫌がらせメールを送る。さらには女子大生の過去投稿から未成年時代に飲酒していた写真を見つけ出し、これをネット上に晒すという徹底ぶり。とくにツイッター上ではメジャーリーガーらしからぬ問題発言を繰り返し、SNS関連のトラブルを起こしてきた。それも頭の回転がよすぎて、ついステキな皮肉が出てしまうのだろう。

だからといって、ネット番長というわけではない。オフラインでのパフォーマンスこそバウアーの真骨頂だ。回の途中で降板となった際にはボールを監督に渡さず、センターバックスクリーンに〝怒りの大遠投〟でチームメートや観客をドン引きさせることもあれば、三振を奪ったあとに刀で斬りつける一刀両断のポーズをしたり、肩で風を切りながらマウンドを降りたりするなど挑発的にも見える行為で対戦相手の憤怒の火に油を注ぎ続けてきた。

ドジャースでDV問題が発覚したあと、敵地サンフランシスコでの大ブーイングには、野々村竜太郎元兵庫県議会議員のお株を奪う耳を聳《そばだ》てるパフォーマンスで挑発。

ボールはエグいが、表情豊かで動きも滑稽。こんなに見ていて面白い選手はいない。まるでアメリカの金やんではないか。

相手へのリスペクトを重視するMLBにおいて、バウアーの言動やパフォーマンスの数々は問題行動と受け取られていたのだろう。事実として、ドジャースをリリースされたバウアーを獲得に動くMLBの球団はなかった。それは各球団にとって、バウアーがものすごく扱いにくい問題児であることを証明したとも言える。

2023年3月14日。そんなトレバー・バウアーを獲得したのが日本の球団。横浜DeNAベイスターズだった。

代理人を名乗る謎の美女

「ベイスターズでプレーができることになり、非常に興奮しています。日本プロ野球界でプレーをすることは、私の夢であり、その夢をファンのみなさんの前でお見せすることができる球団として、ベイスターズ以上のチームはないと思っています。素晴らしいチームの一員になり一緒に優勝を目指すことができる機会をいただき、うれしく感じています。選手、そしてファンのみなさんに会いたい気持ちですでに待ち遠しいです。横浜の街で会えることを楽しみにしています」

3月14日。バウアーが球団を通じて出した殊勝なコメントは、心からの言葉だったのか。

獲得と同時に発表された、前代未聞の個人ファンクラブの設立。VIPコース220万円、デラックスコース33万円という高額な値段設定に〝商売〟というイヤなフレーズが躍った。来日した際、赤髪で露出度が高い謎の美女レイチェルを伴ってきた。代理人だそうだが……マジか。そして、YouTubeの高速でまくしたてられる自動翻訳。「糞サイヤング勢」などの不穏すぎる単語が飛び交うたびに、本当に大丈夫なのだろうかと心が凍っていくようであった。しかも、背番号69を希望している。いや、性犯罪を疑われているところに次々と突っ込んでいくエキセントリックさ。個人的には面白すぎるのだが、大丈夫なのかバウアー、そしてDeNA。

ベイスターズが獲得に踏み切った理由として、編成トップである萩原龍大チーム統括本部長はこんなことを言っている。

「手に入れられる情報は全部手に入れた。本人や代理人、いろんなところから情報を集めて我々として、やっていけると判断した結果。彼は今、罪に問われているわけではない。それが一番大きなポイント。アメリカの情報や人によってとらえ方は違うが、公に罪にとらわれているわけではない。従来からの我々との信頼関係もあり、うちにフィットすると感じた」

このあたりは過去にもさまざまな難解な外国人案件を乗り越えてきたＤｅＮＡの自信というべきか。

大洋、横浜時代の外国人投手「黒歴史」

外国人選手の獲得に定評があるベイスターズ。今とはあまり関係ないかもしれないが、前身の大洋ホエールズ時代から、ヤンキースの名三塁手として鳴らしたクリート・ボイヤーやメジャー通算１６００安打のフェリックス・ミヤーンはじめ、Ｒ・Ｊ・レイノルズ、グレン・ブラッグスなど、メジャーでの実績がある助っ人だけでなくポンセにパチョレックにローズにタイロン・ウッズなど、野手に関してはメジャーでは無用ながら、球団史に刻まれる伝説的な外国人選手を幾人もスカウティングしてきた歴史がある。主だった失敗は「ボールが怖くなった」と途中帰国したレスカーノぐらいだ（その後、来日したパチョレックの応援歌が「大脱走」のテーマになるぐらいはトラウマを植え付けた）。

しかし、これが投手になると、その目利きっぷりも急激に視力が失われ、横浜名物「外国人墓地」と化してしまっている。

１９５０年の球団創設以来、ベイスターズで活躍した外国人投手は皆無と言えるほどの惨状だった。２００４年、母の名がグロリアで日産のコネ採用ともいわれたセドリック・バワーズが７勝、ドミンゴ・グスマンが８勝を挙げるのがやっとで、あとはリリーフのクルーンぐらい。大洋時代はそもそも投手の獲得自体、ほぼしていない。

2012年、経営がDeNAに変わったことでさまざまなことが劇的に改善されてきたが、忘れてならないのが外国人獲得ルートの再整備だ。これにより横浜の「外国人投手の歴史」が幕を開けた。

代表的なところではギジェルモ・モスコーソが2014年に9勝を挙げたのを皮切りに、ジョー・ウィーランドが2017年、一生ムリだと思われていた「外国人投手の2桁勝利」の扉をついにこじ開けた。さらに中継ぎでもスペンサー・パットンや、エドウィン・エスコバーなどリーグ屈指の名リリーバーが誕生。横浜の地で外国人投手は活躍しないというジンクスを完全に過去のものにした。

問題児を〝更生〟させてきた実績

そしてDeNAとなってからの外国人戦略で注目したいのが「問題児の更生実績」である。いや、正しくは「問題児と思われていた選手に気持ちよくプレーしていただく環境づくり」というべきか。

思い出すのは2013年の〝MLBイチのクレイジー〟といわれたナイジャー・モーガンと、2014年〝キューバのわがまま王子様〟ことユリエスキ・グリエル。それにしても、この時期のDeNAの〝攻めの外国人戦略〟は素晴らしかった。とくに乱闘も辞さない過激なプレーと野球をプレーする時には「Tプラッシュ」など別人格を複数持つという珍奇な設定に危うさしかなかったモーガンは、蓋を開けたら陽気でノリがよく、歴代でも屈指のファンに愛されたプレーヤーとなった。彼にインタビューした際に「日本に来てなぜ変わったのですか？」と聞くと、モーガンはこんなことを言っていた。

「自分自身は何も変わっていません。アメリカでもチームのため一生懸命に働くということは同じ。戦う姿勢を見せないとチームにもファンにも伝わりません。そういう怖いところだけをメディアが意図的に報じるので、みなさんの印象と本当の僕の姿は、だいぶ違っていたと思います。ただ、これが本当の自分です。アメリカではパフォーマンスを受け入れてもらえないことも多く、僕自身楽しんで野球をできなかった。そのために、いくつもの人格をつくらなければいけなかったんです。日本では野球選手を尊敬してくれて、Tプラッシュも受け入れてくれる。本当にうれしい」

また2014年に、キューバ球界の至宝といわれた当時28歳のスター、ユリエスキ・グリエルが来た時もDeNAはあらゆるフォローをした。プレー面でのサポートはもちろん、偏食の多いグリエルのために母親から好きな料理のレシピを聞き取りして作るなど、徹底した生活のサポート体制を敷いたのである。飛行機に乗るのが嫌だと遠征を拒否したり、翌年来日しなかったりのワガママはあったものの、1年間戦力として働いてもらうことには成功したと言えるだろう。

外国人選手は本当に来てみなければわからない。日本プロ野球史上最高の優良外国人と呼ばれるベイスターズ元監督、アレックス・ラミレスは日本での成功について、「日本の文化を自ら進んで学ぼうとすること」を絶対条件に挙げている。

「ナイスガイ」

ではバウアーはどうか。バウアーの日本文化を吸収しようとする姿勢は今のところ優等生すぎるほど素晴らしいと言わざるを得ない。

まだ筆者は会うことはできていないが、来日以来、実際にバウアーと触れた同僚やコーチ、スタッフなどの人々から話を聞いても「ナイスガイ」という言葉ばかりが返ってくる。悪い噂は今のところ微塵も聞こえてこない。

チームメートとの関係も実に良好そうだ。ベースボールサイエンティストを自任し〝ピッチングオタク〟ともいうべきバウアーの投球理論やトレーニングなどは、連日意見を交わしている多くの選手やコーチたちの血肉となっているようだ。しかも、上から意見を言うだけでなく、若い選手にも真摯に話をする人間性。野球に対する飽くなき向上心、好奇心、取り組み方は模範となる存在になっていると聞く。

さらに、バウアーのYouTubeでは本拠地ハマスタを訪れ日本の応援文化に感動するさまや、ポケモンセンターにレイチェルと遊びに行く姿、ネット上での笑いを意味する「w」通称「草」というスラングすら勉強して使いこなそうとしているさまが見られる。赤髪の代理人、レイチェルもとてもキュートだ。そりゃ、わざわざけなすわけなどないのだが、日本文化を素直に肯定してくれるのは日本人としてうれしい。

いや、素直に言おう。コロッといかされてしまった。数々の疑念は外国人を見て鬼だと勘違いした大昔の人と同じようなものだ。理解すれば怖くない。もはやバウアーの大ファンである。

〝夢は史上初のサイ・ヤング賞と沢村賞を獲ること〟と言うバウアー。

何度も書いて申し訳ないが、これを書いているのは4月22日だ。バウアーが2試合目に登板した平塚球場には朝から400人ほどが行列をつくっていたといい、平塚の町は箱根にジョン・レノンが来た以来の大騒動となっていたとかいないとか。

今日も筆者の目の前に開かれた未来はバラ色に輝いている。バウアーの2試合目。東北楽天戦で5回⅔77球2安打1失点と初登板に続き、今回も申し分のない結果を残したのだ。三振を獲って一刀両断ポーズも出た。むちゃくちゃカッコいい。とても心地よい気分だ。

これはもう間違いないと言っていいだろう。ただの助っ人というだけじゃなくて、ベイスターズ25年ぶりの優勝の最後のパーツ。そして、日本野球の歴史を塗り替える可能性すらあるトレバー・バウアーという希望。個人ファンクラブ、33万円か……と、ふと考えるぐらいには愛している。

こちらは今のところそんな感じです。さて、この本を読んでいるあなた。そっちのバウアーはどうですか？

「第二のマートン」を狙えるシュアな打撃

2017年、アストロズ初の世界一に貢献

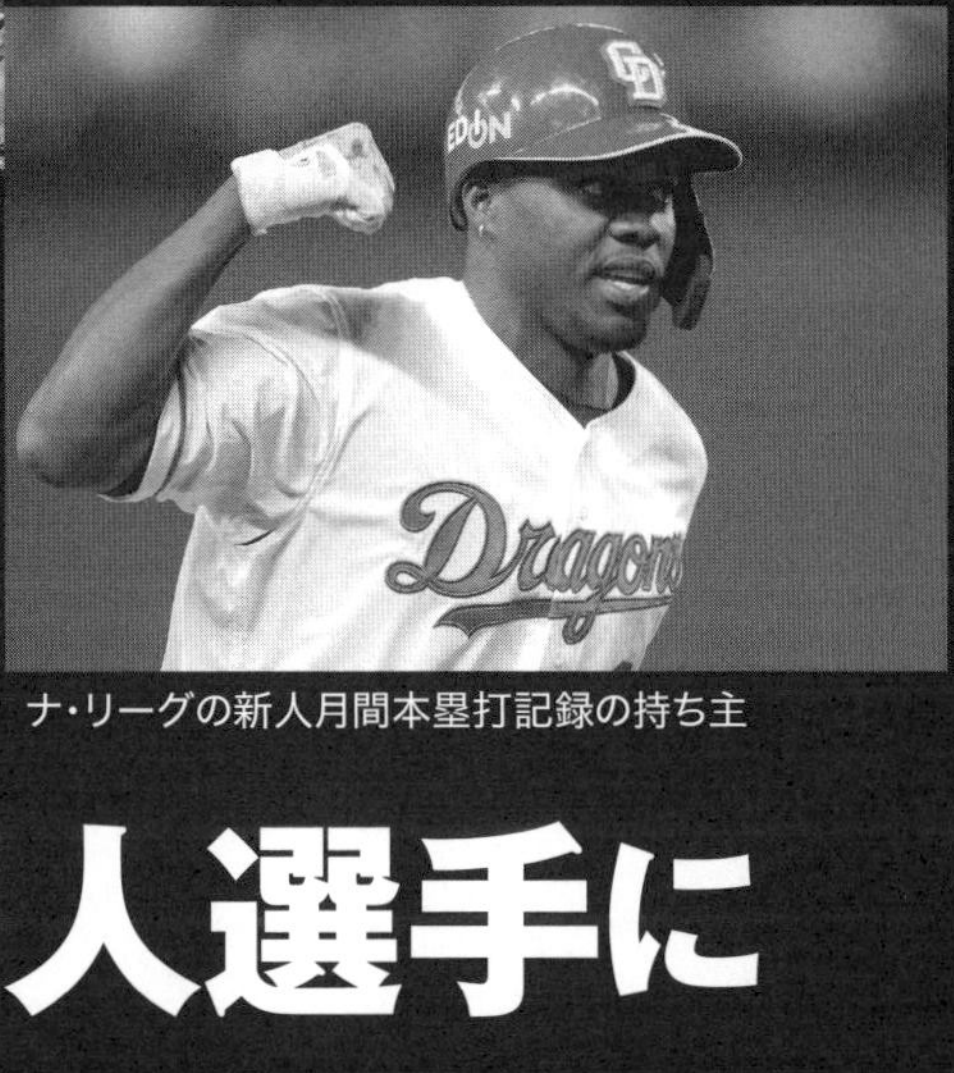

ナ・リーグの新人月間本塁打記録の持ち主

「サイ・ヤング賞」
バウアーだけじゃない!

大リーグ評論家

福島良一が選んだ

この新外国人選手に注目せよ!

メジャー「ドラ1」から二刀流まで

かつて「助っ人」と言えば、全盛期を過ぎたロートルたちの墓場だった日本球界。しかし、現在はメジャー復帰を狙う「実力派」たちが大挙して押し寄せている。ドラ1指名された超エリートから二刀流選手、世界一チームのレギュラーメンバーまで。今季、注目の新外国人選手11人を福島氏がセレクト。

福島良一（大リーグ評論家）　構成＝早川満

今季の新外国人選手で最も注目なのは、やはり横浜DeNAに加入した**トレバー・バウアー**投手でしょう。メジャー通算83勝、2020年のシンシナティ・レッズ時代にサイ・ヤング賞を獲得しています。

過去にサイ・ヤング賞投手が日本に来たのは1962年の中日、ドン・ニューカムだけです。ドン・ニューカムはドジャース史上初の黒人投手で、1956年に始まったサイ・ヤング賞の第1回受賞者。ただ、中日に来たのはキャリアの最晩年でした。バッティングがよかったことから中日ではピッチャーではなく外野手を務めました（1試合だけ投手として先発）。ですから、現役バリバリのサイ・ヤング賞投手の来日ということではバウアーが実質的に初と言っていいでしょう。

福島良一
ふくしま・よしかず●1956年10月3日、千葉県生まれ。中央大学商学部卒業。小学6年生の時に日米野球を初観戦して以来、メジャーリーグに興味を抱く。73年からは毎年のように渡米して現地観戦。メジャーリーグ通として知られた元パ・リーグ広報部長・故パンチョ伊東氏から薫陶を受ける。専門誌、スポーツ紙などでの執筆のほかに、MLB中継の解説者としても活躍中。

日本野球に精通「投げる科学者」

これほどの大物選手が日本球団に来た背景には、2021年にDV規定違反で長期出場停止処分を受けたことがあります（2022年4月から194試合の出場停止処分）。今年1月にはドジャースから自由契約となっていました。このトラブルがなければ、多くのメジャー球団が獲得に興味を示したと思います。

近年のメジャーリーグはDVに関して日本よりもずっと厳しくなっていて、現在ソフトバンクで抑えを務めているロベルト・オスナも、来日理由のひとつにはそうした問題がありました。

いずれにせよバウアーの来日は、1987年にヤクルトが〝赤鬼〟ボブ・ホーナーを獲得したとき以来の衝撃で、日本でサイ・ヤング賞投手が見られるとは思ってもみませんでした。

球が速いし、変化球もいい。トータルで優れていて非の打ちどころがありません。また「投げる科学者」と呼ばれるほど研究熱心な選手で、数年前のオフシーズンには日本の野球を勉強しようと来日したこともありました。バウアーは日本の野球のいいところを理解しているはずで、活躍する確率は高いと思います。

練習熱心、研究熱心であることは日本で活躍するうえでの重要なポイントです。

日本で活躍してメジャー復帰を目指す

過去にも実績のある選手は何人も来日していますが、プライドの高い選手というのはあまり監督の言うことは聞かないし、日本に長くいようという気持ちもあまりないため、実績の割には成功しないケースが多かった。そのため最近は大金を積んで実績のある選手を獲得するケースは減っています。それよりは、あまり実績がなくても年齢が若く、ハングリー精神があって、日本で活躍してメジャーに復帰して成功したいという意欲のある選手が活躍する傾向にあるように思います。

20代後半ぐらいの年齢で日本に来る選手のほとんどがそういう考えではないでしょうか。実際に、日本での活躍がメジャーでかなり評価されるようになりました。以前は現役生活の最後に日本でひと稼ぎしようという選手がほとんどだったのが、今は変わってきて、日本での活躍をメジャー復帰の足掛かりにしようとしているのです。

バウアーにしても結局のところ、日本でトラブルを起こさず、きちんと成績を残して「大丈夫な選手」と示すことでメジャー復帰を狙っているのだろうと思われます。

日本の野球が高いレベルにあることがアメリカでも認知されてきて、たとえばピッチャーなら、日本でプレーをすることで制球力がついたり、あまりいい変化球を投げられなかった選手が投げられるようになったりしている。その典型が巨人からセントルイス・カージナルスへ移籍したマイルズ・マイコラスです。

バッターでいえば、日本人のバッターは選球眼がいいし変化球打ちがうまいので、外国人選手もそういったところを日本で身に付けていく。

昔はたとえ日本で活躍したとしても、メジャーに復帰して活躍することはほとんどなかったですし、実際にレベルの違いもあったと思います。しかし今はＷＢＣでも3度目の優勝をしたように本当に日本のプロ野球のレベルは高くなっているし、そのことはアメリカの野球関係者の誰もが認めています。

阪神と西武に注目株

今季の新外国人にもそういった20代後半から30歳ぐらいの選手は多く、巨人の**ルイス・ブリンソン**外野手（28歳）、**ヨアン・ロペス**投手（30歳）。中日の**アリスティデス・アキーノ**外野手（29歳）。阪神の**シェルドン・ノイジー**外野手（28歳）。西武の**マーク・ペイトン**外野手（31歳）。オリックスの**フランク・シュウィンデル**内野手（30歳）、楽天の**マイケル・フランコ**内野手（30歳）などの選手がこれに該当します。

なかでも注目したいのは阪神のノイジーと西武のペイトン。

ノイジー外野手はもともとオークランド・アスレチックスの若手有望株で、内外野を守るユーティリティープレーヤー。メジャーでは打撃が通用しなかったものの広角に打つスプレーライナーが持ち味です。ロサンゼルス・ドジャースで活躍するクリス・テイラー外野手と似たタイプで、彼のような遅咲きのスター選手になるのではないかと期待しています。

阪神ファンが夢見るような「ランディ・バースの再来」とはいかなくても、マット・マートンやアンディ・シーツのような活躍が見込めるでしょう。

ペイトン外野手はテキサス大時代に１０１試合連続出塁を記録した〝オンベースマシン〟で、２０１９年にはプレミア12米国代表にも選ばれています。メジャーリーグでの実績こそありませんが、昨年ホワイトソックス傘下３Ａでは不動の1番打者を務め、チームトップの打率2割9分3厘、31二塁打、25本塁打、95打点をマークしています。

俊足で四球が多く、三振が少ない左バッターで、とにかく全力プレーを心掛け、チームメートたちを励ますというように、決して個人成績だけで評価できない高い野球IQを持ったチームプレーヤーです。

西武は長距離打者としてはすでに山川穂高選手などがいるなかで、こういったペイトンのような選手を獲得するのはチーム事情にもかなっています。

ドラフト1巡目指名の超エリート

巨人の**ブリンソン**外野手は2012年テキサス・レンジャーズのドラフト1巡目指名という超エリートで、パワーとスピードを兼ね備え、センターの守備力も高い評価をされ、将来のスーパースター候補として期待されていた選手です。

昨年はサンフランシスコ・ジャイアンツでプレーして、9月の宿敵ロサンゼルス・ドジャース戦で2本塁打を放ち、史上最高の万能外野手と言われるウィリー・メイズをも彷彿させました。ただし、メジャー6年間の通算打率は1割9分8厘、本塁打も28本塁打にとどまっています。とにかく三振の多さが致命的で、そこを日本でどのくらい修正できるかが活躍のカギになるでしょう。

同じく巨人の**ロペス**投手は2018年にアリゾナ・ダイヤモンドバックスでデビュー。翌年にはリリーフで70試合に登板、21ホールドを挙げて、同じキューバ出身ということから「右のチャプマン」と呼ばれたほどの逸材です。

チャプマンとはもちろん、「キューバンミサイル」の異名をとり、史上最速105・8マイル（約170・3キロ）を記録した剛腕クローザー、アロルディス・チャプマン（カンザスシティ・ロイヤルズ）のことです。

昨年のニューヨーク・メッツ在籍時には、セントルイス・カージナルスの4番ノーラン・アレナドと、フィラデルフィア・フィリーズの強打者カイル・シュワバーといったスター選手に対して立て続けに危険球を投げたことが大きな波紋を呼び、出場停止処分を受けました。そんな問題児の一面はありますが、それでも今年はWBC出場を辞退してシーズンに専念しているようですから、中継ぎとしての活躍が期待できるでしょう。

巨人ではほかにヨアンデル・メンデス、フォスター・グリフィン、タイラー・ビーディの3人の投手が新たに入団していて、元ドラフト1巡目指名など素材は一級品ですが、現状ではこれといって一つ大きな長所があるといったタイプではないようにも思います。

「ボンズの再来」と騒がれた男

オリックスの**シュウィンデル**内野手は2013年ドラフトでカンザスシティ・ロイヤルズの指名を受けてプロ入りしましたが、以来6年間はマイナーリーグ暮らし。2019年にメジャーデビューしたものの、出場はわずか6試合だけで再びマイナー生活が続きました。それが2021年にシカゴ・カブスに拾われると56試合に出場して打率3割4分2厘、13本塁打と大変身。29歳のオールドルーキーとして注目を集めました。

昨年も開幕から4、5番に起用され、鈴木誠也選手らとともにチームを牽引。しかし、打撃不振に陥りマイナー降格し、ケガも重なって75試合、8本塁打の成績に終わっています。

結局、シーズン終了を待たずに解雇されましたが、遅咲きのスラッガーが日本で再起を果たすところを見てみたいですね。

中日の**アキーノ**外野手はドミニカ共和国出身で右のスラッガータイプ。2019年シンシナティ・レッズで本格的なデビューを果たすと、最初の17試合で11本塁打。ナ・リーグ新人記録となる月間14本塁打を放っています。この年はマイナーリーグでの28本塁打と合わせて47本塁打をマークして、左と右打者の違いはありますが、メジャー歴代1位の通算762本塁打を誇るバリー・ボンズの再来か？　とも騒がれました。

外野守備ではライトからの強肩に定評があり、才能豊かで練習熱心なプレーヤーですが、日本ではホームランか三振かという典型的なスラッガータイプは、どちらかというと失敗するケースが多いため、そのあたりがどうなるか。

楽天の**フランコ**内野手もメジャー通算130本塁打と実績は十分ですが、やはりバリバリのパワーヒッターで、日本でもホームランを量産できるか注目したいと思います。

優勝請負人と二刀流選手

面白いのはオリックスに入団した**マーウィン・ゴンザレス**内野手。南米ベネズエラ出身のスイッチヒッターで、内外野どこでも守るスーパーユーティリティープレーヤーです。

2013年には当時レンジャーズのダルビッシュ有の完全試合を阻止していて、2017年には打率3割3厘、23本塁打、90打点と自己最高の成績で、ヒューストン・アストロズ球団史上初の世界一に貢献しています。

昨年もニューヨーク・ヤンキースの地区優勝に貢献していてアーロン・ブーン監督曰く「ウイニングタイププレーヤー」。2年連続日本一を目指すオリックスにはうってつけの選手でしょう。

二刀流を経験している選手も2人います。

一人は広島の**マット・デビッドソン**内野手。シカゴ・ホワイトソックスで2017年から2年連続で20本塁打以上を放ち、2018年にはメジャー史上4人目となる開幕戦3本塁打を記録しています。

同年には投手としても3試合に登板し、元祖二刀流ベーブ・ルース以来の年間3試合登板&15本塁打以上を大谷翔平選手と並んでマーク。2021年にはロサンゼルス・ドジャースが実際に投打の二刀流を検討したぐらい才能のある選手です。

もう一人はソフトバンクの**ウイリアンズ・アストゥデューヨ**内野手。南米ベネズエラ出身で身長175センチ、体重102キロというずんぐりした体形から、あだ名は「亀」。それでいてショート以外のすべてのポジションを守り、投手でも7試合に登板しています。

◆福島氏が注目する新外国人選手

選手名	年齢	登録	球団	福島メモ
バウアー	32	投手	横浜	メジャー通算83賞、サイ・ヤング賞。「投げる科学者」の異名
ノイジー	28	外野手	阪神	内外野を守るユーティリティープレーヤー。第二のマートンか
ペイトン	31	外野手	西武	昨季３Ａで不動の１番として活躍。19年のプレミア12米国代表
ブリンソン	28	外野手	巨人	12年レンジャーズのドラフト１巡目指名。守備力も高評価
ロペス	30	投手	巨人	19年にメジャー70試合登板で21H。「右のチャプマン」とも
シュウィンデル	30	内野手	オリックス	21年にカブスで56試合ながら打率.３４２、13本塁打を記録
アキーノ	29	外野手	中日	18年レッズでデビュー、翌年8月に14本塁打のリーグ新人記録
フランコ	30	内野手	楽天	16年から3年連続20本塁打、メジャー通算１３０発も昨年は9本
ゴンザレス	34	内野手	オリックス	17年に打率.303、23本、90打点でアストロズ初の世界一に貢献
デビッドソン	32	内野手	広島	ホワイトソックスで年間3試合登板&15本塁打以上を大谷と並んで記録
アストゥデューヨ	31	内野手	ソフトバンク	ショート以外すべてのポジションを守り、投手でも7試合に登板

※年齢は2023年4月1日時点

2021年のミネソタ・ツインズ在籍時、ロサンゼルス・エンゼルス戦に登板した時にはわずか7球、スピードガンで測定不能な超スローボールを駆使して3者凡退に抑えています。

2009年のプロ入り以来マイナーリーグで9年間も下積み生活を送り、メジャーリーガーになれないと言われながら、2018年にツインズでデビュー。29試合の出場でしたが打率3割5分5厘をマークしました。同年は97打席でわずか2四球、3三振という早打ちで、単打の多い究極のコンタクトヒッター。あらゆる面において個性あふれるプレーヤーです。

ヤクルト、ロッテ、日本ハムについては今回新外国人ということでは取り上げていませんが、各チームとも非常にスカウティングに優れていると思っています。

ヤクルトの奥村政之さんという国際グループ担当部長は野茂英雄氏のドジャース時代の通訳も務めた方で、外国人獲得には常に彼が動いています。またロッテ、日本ハムも優秀な人材が多い印象があります。

日米で加速する「二刀流」選手の発掘&育成

最右翼は日ハム・矢澤宏太
「ポスト大谷」候補を探せ！

大学通算14勝、打率2割7分5厘、5本塁打の日本ハム・矢澤選手（上）。中日・根尾選手は投手に「完全転向」

メジャーを席巻する大谷の影響で「二刀流」を目指す選手が日米で増加している。今季からメジャーでは「二刀流」挑戦を宣言する選手が登場し、日本でも「リアル」に期待できる新人がデビュー。「ポスト大谷」候補をさまざまな角度から探ってみた。

取材・文＝石川哲也（フリーライター）

「投打二刀流」は分業・専門化が進んだ現代野球では実現不可能といわれてきたが、MLBでの大谷翔平（ロサンゼルス・エンゼルス）の成功により、決して不可能ではないことが証明された。

大谷の成功を受けてMLBでは2021年シーズンから投手、野手に加えて「ツーウェイプレーヤー」の選手カテゴリーを設けた。また昨シーズンからは、先発投手が指名打者（DH）を兼ねて出場でき、その場合に限り降板後もDHとして試合に出場し続けられる通称「大谷ルール」を採用するなど、制度面でも二刀流への対応を整備している。

米国では二刀流選手が増加中

今のところMLBでは大谷のほかに「ツーウェイプレーヤー」の該当者は出ていないが、チャレンジする選手は現れている。

アメリカの二刀流の嚆矢《こうし》がタンパベイ・レイズのブレンダン・マッケイだ。ルイビル大学では投手として32勝、防御率2・23、打者としては打率3割2分8厘、28本塁打をマークし、2017年のレイズ入団後もマイナーで二刀流として育成された。2019年にメジャーに昇格し投手として13試合に登板し2勝4敗、防御率5・14、野手としては10打数2安打、打率2割、1本塁打をマークした。しかしその後、度重なるケガに見舞われメジャーでプレーしたのは2019年シーズンのみ。昨年末にトミー・ジョン手術を受け、2024年シーズン以降の復帰を目指している。

複数年にわたり二刀流でプレーしたという意味で、「ポスト大谷」に最も近づいたのが今シーズンからデトロイト・タイガースでプレーするマイケル・ロレンゼンだろう。大谷の二刀流成功を受け、シンシナティ・レッズ時代の2018年途中から投手と外野手の二刀流でプレー。挑戦2年目の2019年にはセットアッパーとして73試合に登板し1勝4敗7S21H、外野手としても100試合に出場し、打撃成績は48打数10安打、打率2割8厘、1本塁打。9試合で投手と外野手を兼ねて出場した。しかし、これが二刀流としてのキャリアハイ。昨シーズンは大谷とともにエンゼルスでプレーしたが、野手としての出場はなかった。

マッケイ、ロレンゼンともに成績的に物足りず、二刀流で成功したとは言い難い。ただ、昨夏のMLBのドラフト会議ではアトランタ・ブレーブスがオーウェン・マーフィー、サンフランシスコ・ジャイアンツがレジー・クロフォードと二刀流候補生を1巡目で指名している。各チームとも投打に活躍できるマルチな才能の発掘に余念がない。

また、ボストン・レッドソックスのレギュラー外野手、アレックス・ベルデューゴが今シーズンからの二刀流挑戦を宣言するなど現役メジャーリーガーのなかからもポスト大谷を目指す動きがある。近い将来、大谷に続く二刀流選手が現れる確率は高そうだ。

「ポスト大谷」最右翼は日ハム・矢澤

二刀流の増加傾向は日本も同様で、日本のプロ野球でポスト大谷の一番手と目されるのが日本ハムの2022年ドラフト1位ルーキー、矢澤宏太だ。

矢澤は日本体育大学時代、投手兼外野手として活躍。入学当初は登板日以外は外野手として出場する「投打別二刀流」をこなし、2年秋に外野手としてベストナインを獲得している。3年時からDHを解除して先発投手として出場し打席に立つ「リアル二刀流」を本格的にスタート。3年秋には3勝を挙げ投手でベストナイン、打者としても打率3割をマークした。大学通算14勝8敗、防御率1・60、打率2割7分5厘、5本塁打。加えて50メートル5秒8と脚力もある。投手としても野手としても甲乙つけがたく、二刀流での育成を明言していた日本ハムから指名を受けてのプロ入りとなった。

キャンプでは投手登録ながら野手に比重を置いた練習メニューをこなし、3月14日の西武とのオープン戦では、5回に代打で出場しそのまま右翼の守備に就き、8回から登板。打者としては2打数2三振、投手としては1回を投げ、無安打無失点の二刀流デビューを果たした。オープン戦における二刀流での出場はこの1

試合のみで、投手としては3試合に登板し計3回を無安打無失点、打者としては17試合で33打数8安打、打率2割4分2厘、1本塁打を記録。ルーキーとしては投打ともに上々の結果を残し開幕一軍入りを果たした。

シーズン開幕後は外野手として起用され、4月1日には1番・右翼でスタメン出場。プロ2打席目に初安打を放ち、4月4日からは5試合連続安打をマークするなど結果を出している。野手に専念しているわけではなく、スタメンではない試合ではブルペンに入るなど二刀流は継続中。ルーキーイヤーの大谷も開幕戦から外野手として起用され、初登板は5月23日。登板して打席にも立つリアル二刀流デビューは6月18日だった。

矢澤もまずは野手として結果を出し、投打別二刀流、リアル二刀流と段階を踏んでいくことになりそうだ。

打撃成績									
試合	打席	打数	安打	本塁打	打点	三振	打率	出塁率	長打率
7	11	10	2	1	1	2	.200	.273	.500
321	147	133	31	7	24	47	.233	.282	.429
65	225	193	53	5	27	25	.275		
76	10	10	2	1	1	7	.200	.200	.600
132	261	234	40	1	20	71	.171	.247	.218

ファームながら「大谷ルール」で出場

日本ハムではもう一人、上原健太が二刀流にチャレンジしている。

挑戦1年目の昨シーズンは通年、投打の練習に励んだが、二刀流での出場はDH制のない交流戦での2試合のみ。打撃成績は5打数1安打、投手成績は自己最多の25試合に登板したものの、3勝5敗、防御率3・19と投打ともに課題を残した。今シーズンは3月19日のイースタン・リーグ対ヤクルト戦で「大谷ルール」をNPBで初適用し、6番・投手兼DHで先発出場。投手では6回2安打無失点と好投し、打者としても適時二塁打を放つなど3打数1安打1打点。3月29日にもリアル二刀流で出場し、投手として4回3失点だったものの、打者では適時打を放ち2打数1安打1打点

◆主な二刀流挑戦選手、投打の通算成績

			投手成績							
選手名	球団	実働	登板	勝利	敗戦	セーブ	ホールド	投球回	自責点	防御率
ブレンダン・マッケイ	レイズ	1季	13	2	4	0	0	49	28	5.14
マイケル・ロレンゼン	タイガース	8季	313	31	29	14	71	571	260	4.10
矢澤宏太	日本ハム	大学通算	30	14	8			190.2	34	1.60
上原健太	日本ハム	7季	76	10	16	0	2	237.1	113	4.29
根尾 昂	中日	4季	25	0	0	0	1	29	11	3.41

とファームながら、投打とともに結果を出した。4月7日には一軍に昇格。今シーズン初出場は投手のみでの起用だったが、今後、一軍での「大谷ルール」初適用の期待が高まる。

　矢澤、上原のように正式に二刀流挑戦を表明していないものの、中日・根尾昂《あきら》の動向は注目される。

　根尾は昨シーズン途中に登録を野手から投手に変更。打撃成績は40打数8安打、打率2割、投手成績は25試合に登板し、29回を投げて防御率3・41だった。ファームでは同じ試合で遊撃手から投手へ守備位置を変更する二刀流での出場も経験している。MLBの「ツーウェイプレーヤー」は投手で20回以上、野手で20試合以上の先発出場、かつその20試合で最低3打席の出場で登録可能となるが、昨シーズンの根尾は野手としての先発出場が8試合しかなくこの条件は満たさないものの、成績的には「ツーウェイプレーヤー」に最も近い。

　しかし、昨シーズン投手で起用され始めた当初は代打や遊撃手、右翼手としての出場機会もあったが、登録を投手に変更した6月以降は投手に専念した。今シーズンは開幕をファームで迎え、出場は投手としてのみ（5月4日現在）。二刀流挑戦というより投手転向ということのようだ。

打撃もすごい投手は誰だ？

　今シーズンも5月30日から交流戦が始まり、パ・リーグの投手が打席に立つことになり、いっそう投手の打撃に注目が集まりそうだ。昨シーズンのNPB投手の打撃成績から、実は打ってもすごい「隠れ二刀流」

◆2022年投手打撃成績

	打率	打席	打数	安打	本塁打	打点	四球	死球	三振	犠打
セ・リーグ	.115	1603	1368	157	4	74	39	2	593	193
パ・リーグ	.040	111	101	4	0	2	3	0	62	6
全体	.110	1714	1469	161	4	76	42	2	655	199

を探し出してみたい。

昨シーズン、ＮＰＢ投手全体の打撃成績は１４６９打数１６１安打、打率1割1分、本塁打4本。最高打率（5打席以上）をマークしたのは巨人・井上温大の4割だが、5打数で投手への内野安打2本と幸運も手伝っての高打率。2位ガンケルの24打数7安打、2割9分2厘が実質「投手首位打者」と言えそうだ。ガンケルは2割7分3厘だった２０２０年、1割6分1厘だった２０２１年と投手としては高打率を残し、ＮＰＢ通算でも2割2分7厘と打撃には定評がある。ガンケルは今シーズン、阪神からソフトバンクに移籍したため打撃機会が限られるが、厳しい外国人枠争いを勝ち抜き交流戦では非凡な打撃センスを見せてもらいたい。

昨シーズン、打撃で特筆すべき活躍をした投手が巨人の山﨑伊織だ。3月26日の対中日戦、プロ初打席で適時内野安打デビューすると、その後もチャンスで打棒が爆発、得点圏打率はなんと8打数4安打の5割。シーズン通算26打数6安打、6打点を稼ぐなど勝負強さが光った。

その山﨑伊織にプロ初安打となる適時打を打たれた中日の勝野昌慶もシーズン通算で2割1分4厘をマークしている「好打者」。放ったヒットは3本だけだが、うち二塁打が2本、本塁打が1本で打点も2稼いでいる。長打率は5割7分1厘と長距離打者並みだ。

昨シーズンの投手最多安打は広島・森下暢仁の11安打で唯一、2桁にのせた。森下は3月26日の対ＤｅＮＡ戦で2本の適時打を含む4打数3安打3打点と大当たり。投手としても8回3失点で白星を挙げた。4月9日の対阪神戦でも適時三塁打などで4打点を叩き出し、9回1失点完投勝利とリアル二刀流の活躍を見せている。打点7も投手トップだ。

◆2022年投手打撃成績20傑(5打席以上)

順位	選手名	球団	打率	試合	打席	打数	安打	本塁打	打点	四球	死球	三振	犠打	出塁率	長打率	OPS
1	井上温大	巨人	**.400**	7	7	5	2	0	0	0	0	2	2	.400	.400	.800
2	ガンケル	阪神	**.292**	16	27	24	7	0	2	1	0	10	2	.320	.375	.695
3	玉村昇悟	広島	**.273**	9	12	11	3	0	1	0	0	7	1	.273	.364	.636
4	福谷浩司	中日	**.250**	5	10	8	2	0	1	1	0	2	1	.333	.250	.583
5	メルセデス	巨人	**.241**	20	34	29	7	0	0	0	0	7	5	.241	.276	.517
6	山﨑伊織	巨人	**.231**	20	33	26	6	0	6	2	1	9	4	.310	.269	.580
6	西 純矢	阪神	**.231**	14	26	26	6	1	4	0	0	8	0	.231	.385	.615
8	堀田賢慎	巨人	**.222**	8	11	9	2	0	0	2	0	3	0	.364	.222	.586
9	高橋奎二	ヤクルト	**.217**	17	29	23	5	0	1	2	0	12	4	.280	.217	.497
10	勝野昌慶	中日	**.214**	8	16	14	3	1	2	0	0	6	2	.214	.571	.786
11	根尾 昂	中日	**.200**	49	46	40	8	0	4	5	0	9	1	.289	.250	.539
11	上茶谷大河	DeNA	**.200**	13	20	15	3	0	1	2	0	6	3	.294	.200	.494
11	上原健太	日本ハム	**.200**	25	5	5	1	0	0	0	0	3	0	.200	.400	.600
11	加藤貴之	日本ハム	**.200**	22	5	5	1	0	0	0	0	4	0	.200	.200	.400
15	森下暢仁	広島	**.190**	27	65	58	11	0	7	1	0	14	6	.203	.259	.462
16	床田寛樹	広島	**.188**	17	38	32	6	0	2	0	0	7	6	.188	.219	.406
17	今永昇太	DeNA	**.184**	21	47	38	7	0	4	1	0	9	8	.205	.211	.416
18	石田健大	DeNA	**.167**	15	29	24	4	0	1	1	0	7	4	.200	.167	.367
18	小澤怜史	ヤクルト	**.167**	10	14	12	2	0	0	0	0	4	2	.167	.167	.333
18	髙橋優貴	巨人	**.167**	10	6	6	1	0	0	0	0	5	0	.167	.167	.333

パ投手の放った安打は4本のみ

パ・リーグの投手は打撃機会が交流戦に限られることもあり安打を放ったのは日本ハムの上原健太、加藤貴之、オリックス・山﨑福也、ロッテ・河村説人の4人のみで、それぞれ1安打しているだけだ。パ・リーグ投手に限った昨シーズンの打撃成績は101打数4安打、打率4分とかなり低調。4安打のうち長打は上原が放った二塁打1本のみだった。

打撃に定評のある山﨑福也は7打数1安打、1割4分3厘に終わったが、うち1打数は代打での出場。6月3日の対広島戦、投手の田嶋大樹に代わり打席に立ちフルカウントまで粘ったものの二飛に倒れた。山﨑福也は5打席以上の打撃機会があった投手のなかでは唯一、三振がなく、打撃センスの高さをうかがわせる。

攻撃面での期待が低い投手が打撃で結果を残す意外性は野球の醍醐味のひとつ。今シーズンも「隠れ二刀流」の活躍に期待したい。

花巻東・佐々木麟太郎だけじゃない！

2023年「ドラフト候補」

最速！青田買いファイル

注目の20人

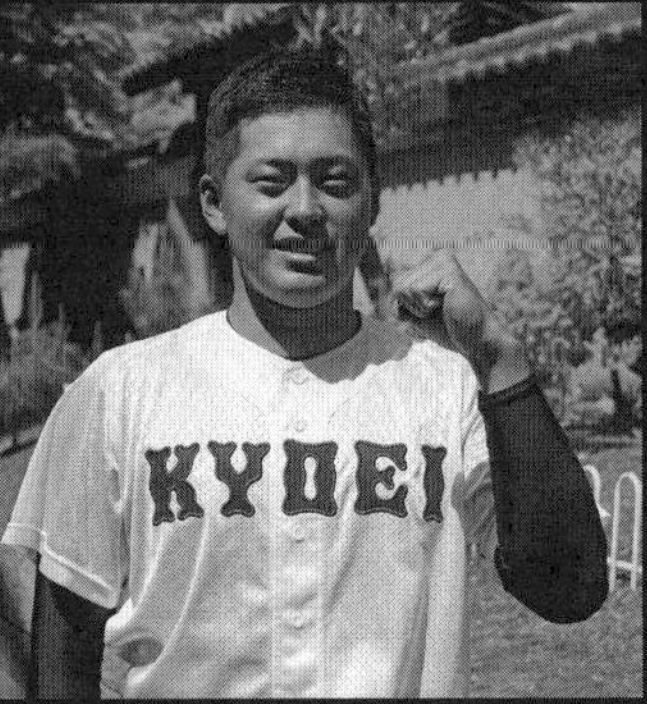

贔屓のチームが夏前に優勝絶望となれば、期待するのは秋のドラフト、新戦力。2023年のドラフトは「豊作」との呼び声高し。菊池雄星、大谷翔平の後輩スラッガーから、社会人の知られざる逸材まで。来季に夢を馳せるあなたに送る注目の20人。

取材・文＝手束 仁（スポーツライター）

菊池、大谷に続く花巻東の逸材

高校生で最大の目玉といわれている選手が2人いる。投手では大阪桐蔭の**前田悠伍**、打者では花巻東の**佐々木麟太郎**だ（右ページ写真上）。佐々木は話題性も含めて最注目の選手。

前田は安定感で言えば高校投手のなかでは群を抜く存在。大阪桐蔭は5大会連続で甲子園出場中だが、選抜優勝を果たした前チームの時から甲子園でも投げている。投手としての安定感は甲子園でも十分に証明済みだ。最上級生となった今年は主将にも指名され、精神的にもさらに成長。左投手ということも魅力だが、チェンジアップやスライダーの使い分けもクレバーで、実戦に即した投手と評価されている。

佐々木は今春の選抜には出場できなかったが、その評価は変わらない。最大の魅力は何といっても打球の飛距離。多くのスカウトが高校生打者を評価する際に、「どれだけ打球が飛ぶのか」を見るという。飛距離は技術というよりも天性のものであるため、打球を飛ばせることは本塁打の本数以上に評価対象となっていくのだ。その意味からも、佐々木は高校生打者としては今年のドラフトにおいて筆頭の存在と言っていいだろう。

菊池雄星と大谷翔平という2人のメジャーリーガーを輩出している花巻東。その指揮官を父に持つのが佐々木である。将来的には同校3人目のメジャーリーガーとなる可能性も高い。そんな夢をも抱かせてくれる逸材が佐々木麟太郎である。

注目される2人の高校生捕手

今春の選抜で評価をさらに上げたのが準優勝した報徳学園の捕手・**堀柊那**《しゅうな》だろう。大会を通じて打率4割という打撃もさることながら、捕ってから送球動作の素早さや扇の要として各野手にポジション指示などを出す視野の広さ、リードのうまさなども含めて、試合をつくれる捕手として各スカウトがチェックしている。

同じ捕手では常葉大菊川・**鈴木叶**《きょう》も評価が高い。中学時代は遊撃手としてもプレーしていたこともあり、フットワークとセンスのよさが光る。シュアな打撃もさることながら学習能力も高いため、インサイドワーク面の成長も期待できるとみているスカウトが多いようだ。

愛知県に好投手あり

今年は愛知県に好投手が多いということで、各球団の愛知大会詣でが相次ぎそうだ。

一番の逸材は享栄の左腕・**東松**《とうまつ》**快征**《かいせい》だろう。中京大中京時代には堂林翔太、磯村嘉孝（ともに広島）らを擁して全国制覇に導いた大藤敏行監督も、「これまで見てきた投手のなかでも一番能力の高い選手と言っていい」と評価する。スピードはもちろんのこと制球力もあり安定感は抜群。

昨秋の東海大会を制し、今年の選抜にも出場した東邦の**宮國**《みやぐに》**凌空**《りく》も安定した投球が光る存在だ。プロ志望届を提出するかどうかはわからないが、愛工大名電の**笹尾日々喜**とともに好評価を受けている。

そして、彼ら以上に素材力の高さが評価されているのが愛産大工の**天野京介**だ。球速148キロをマークするストレートは指のかかった回転のいい球で、もっとスピードが出るのではないかと期待を抱かせる。182センチ・86キロという恵まれた体躯も魅力的だ。中学時代は軟式クラブに所属していたため肩や肘の消耗が少ない点も高評価。甲子園優勝実績もある強豪校から声がかかったというが、自宅からグラウンドが近いこともあり、甲子園出場実績のない愛産大工を選んだ。そこで鈴木将吾監督と出会い、無理せずじっくりと育てられ大きく成長。今や全国から注目さ

享栄の東松投手。球速に加え制球力も魅力

れる存在となっている。

至学館の**伊藤幹太**も評価が高い。今夏で指揮官を退くことを公言している麻王義之監督だが、「これまで指導してきたなかでは文句なく至学館史上最高。最後に至学館から初のプロ指名選手を送り出したい」と期待も大きい。

2019年夏に甲子園初出場を果たし、昨年はソフトバンク1位指名となったイヒネ・イツアを輩出している誉にも、148キロを記録した**黒野颯太**と経験値の高い**子迫創太**という数球団がマークする好投手がいる。

190センチ超の大型投手に逸材

スカウトにとって身体のある選手は、やはり魅力的なのだという。その意味では190センチ・105キロというビッグサイズを誇る東海大菅生・**日當《ひなた》直喜**、192センチ・95キロと日當に負けずとも劣らないサイズの修徳・**篠崎国忠**も注目株。

日當は昨年の秋季大会では連投もこなし、スタミナも十分にあることを証明している。球速は最速148キロをマーク。大型投手だが裁縫が得意で、指先の器用さも持ち合わせている。変化球などの新しい握りを自分のものにしていく吸収力も高いようだ。力と技が巧みにバランスがとれているタイプだと言える。

東北の**ハッブス大起**も今後、さらなる成長が期待される大型投手だ。選抜では優勝した山梨学院と初戦で当たり5回途中2失点で降板。制球にバラつきはあったが、「最速143キロをマークした球の勢いは十分」と評価するスカウトもいた。

隠れた逸材としては知徳の196センチ・105キロの大型投手、**小船翼**。最速142キロの力強い球を投げ込む。まだ粗削りではあるがストレートは角度があり、打者の膝元に食い込んでくる威力がある。素材力という点では十分に魅力のある選手だ。

岐阜総合学園の**前原省吾**も196センチ・90キロというビッグサイズ。昨年は線が細いという印象だったが、一冬越えてウエートアップした。今後、大化けしそうな可能性を秘めた魅力を感じる存在だ。

打者では広陵・真鍋と九州国際・佐倉

打者では選抜にも出場した広陵の**真鍋彗**《けいた》と九州国際大附の**佐倉侠史郎**の2人が長距離砲として注目されている。花巻東の佐々木とともに一昨年の明治神宮大会では「1年生の長距離砲トリオ」として注目されていたが、いよいよ最終学年を迎えた。

真鍋はパワフルな打撃が注目されているが、この春の甲子園ではアーチをかけることはできなかった。それでも、準々決勝では二塁打2本を放つなど確実性を見せている。パワーだけではなく、打撃の技術としても高いものがあり、中距離打者として成長していきそうな雰囲気もある。

昨年、春夏の甲子園に出場を果たしている佐倉は、打った瞬間に「行った」と思わせる打球が魅力。将来的にはヤクルト・村上宗隆（九州学院）のようなホームランアーチストになりそうな期待感を抱かせる逸材である。

大学生で注目は2人の左腕

2021年秋から3季連続で東都2部に低迷している東洋大。この春こそは1部への復帰を果たしたいところだが、その浮沈を握るのが左腕、**細野晴希**（東亜学園）の投球だ。最速155キロといわれるストレートはスカウトから高い評価を受けている。ただ、チームはリーグ戦では結果に恵まれていない。2022年春は中央大との入替戦3回戦で1対0から逆転サヨナラ負け。同年秋も細野の3勝を挙げる活躍で専修大と勝ち点4で首位に並びながら、勝率の差で2部優勝を逃している。チームの結果が出ないことで、慎重にいこうとしすぎ、持ち前のダイナミックさが失われてきたともいわれているが、最終年に懸ける思いは強い。この春は2部優勝、1部復帰の目標を果たすことが第一事項だろう。宿願を達成し、プロの指名を待ちたいところだ。

東洋大とは逆に1部に定着して、近年は優勝争いの常連にもなっている國學院大にも好投手がいる。昨年からエースとしての重責を担い、秋季リーグ優勝にも貢献した左腕、**武内夏暉**《なつき》（八幡南）だ。安定感のある投球を見せているが、本格的に投手となったのは高校2年からという遅咲き。それだけに、肩や肘の消耗も少ないと評価されている。指先の感覚がよく、制球力に優れた投手である。昨秋はリーグ4勝を挙げた。安定感があるだけに即戦力としての評価も高いが、伸びしろも十分にあるという点がスカウトから注目される理由だろう。

上武大の「打てる捕手」が高評価

どの球団も補強を目指しているポジションが捕手だが、今年の大学生では上武大の**進藤勇也**（筑陽学園）が打てる捕手として評価が高い。高校時代には春夏甲子園出場を果たしているが、好環境でのさらなる成長を求めて関甲新学生連盟に所属する上武大進学を選んだ。1年秋からリーグ戦に出場し、2年春からは正捕手。3年時には全日本大学選手権で準優勝。侍ジャパン大学代表にも選出され、正捕手として活躍した。この1年は、プロからの上位指名を意識しながらプレーし続けていくことになりそうだ。

２０１８年の選手権大会準々決勝で金足農に逆転サヨナラ2ランスクイズを決められ悔しい思いをした近江。その瞬間、ホームベース上で突っ伏していたのが**有馬諒**だ。関西大に進学後もあの負けを糧として心身

上武大の進藤捕手。筑陽学園時代には春夏甲子園出場

を鍛え上げ、3季連続でベストナインに選出されている。主将となったことで精神的にさらに成長。クレバーなリードは即戦力として評価されている。打撃力を磨けば、上位指名もあり得る逸材だ。

野手で注目は明治大の主将となった**上田希由翔**《きゅうと》（愛産大三河）。1年春からリーグ戦に出場する183センチ・92キロの大型選手。昨年は春秋連覇にも貢献、チャンスに強い打撃が評価され、春は一塁手、秋は三塁手としてベストナインに選出されている。高校2年時には第100回記念大会となった選手権大会に東愛知代表として甲子園出場も果たしている。本塁打を打つ技術をさらに高めれば、大化けする可能性は高い。

異色なところでは天理高校時代は軟式野球部に所属していた同志社大の**真野凛風**《りんか》。当初は推薦入学した同大の準硬式部でプレーするつもりだったが、高校時代の指導者から「投手としての伸びしろがあるのだから、もっと上を目指したらどうだ」と勧められ、大学で初めて硬式球を握ったという。2年秋に152キロをマークし注目され始めると、そこから急成長。大学日本代表候補合宿にも参加、同年代の高いレベルの仲間に刺激を受けたことで、ドラフト指名も意識するようになってきた。さらなる成長を目指しており、周囲の期待感も高い。

ドラ1間違いなしの社会人スラッガー

社会人野手で最も注目を浴びているのは父親が元ヤクルトの選手だった、ENEOSの**渡会**《わたらい》**隆輝**《りゅうき》だろう。横浜高から入社して3年目、今年がドラフト解禁となる。昨年の都市対抗決勝では3ランなど4本塁打11打点の活躍で橋戸賞を獲得。「社会人2年目に活躍できる選手こそ本物」という言葉に刺激されての檜舞台だった。ドラフト解禁となる今年は、昨年以上の数字を残したいと意気込む。ミート力があるため木製バットへの移行もスムーズで、むしろ木製のほうが自身のバッティングスタイルにも合っているかのようだ。長打だけではなく、シュアにヒットを打てるセンスのよさも兼ね備えている。高卒で社会人入りした野手としては、福留孝介（元中日など）以来の逸材という評価も。即戦力として1位指名は間違いないだろう。

投手では東芝のサイドスロー、粂《くめ》直輝（明秀学園日立→帝京大）が光る存在だ。1年目となる2022年の都市対抗で登板機会がなかったことを悔いていたが、同年10月の伊勢・松阪大会で最高殊勲選手に輝き自信を得た。同年の日本選手権では2試合に先発。1回戦のバイタルネット戦では5回1失点で勝ち投手になった。球速以上に力があるストレートで相手打者を牛耳るタイプ。今年、最もブレークしそうな社会人の逸材との声も聞こえてくる。社会人の投手は、負けられない戦いとなる都市対抗予選を経て大きく成長していくことも多い。今年、その期待が最も高い投手の一人である。

明治安田生命の**高杉勝太郎**（東海大札幌→東海大）も今年大きな成長が期待される注目投手だ。成長の糧となったのは2022年の都市対抗東京2次予選、第四代表決定戦だった。負けたら後のない大事な試合の先発を任されたが初回に3安打2失点でチームは敗退、本大会出場を逃した。この敗戦で投手としての責任感に目覚めたという。2年目の今年は何としてもチームを本大会へ導きたいという思いが強い。東海大時代の最終年秋、最高殊勲選手に輝いた右腕は、今年は「勝負の年」という自覚が十分だ。

Ｈｏｎｄａの**峯村貴希**（木更津総合→日大）も、社会人2年目の今年に勝負を懸けている。高校時代から大型遊撃手として注目され、日大時代にはプロ志望届を提出したが指名はなかった。奮起して臨んだ社会人では、1年目から3番・遊撃手として定着。昨年はチーム一となる14打点を記録し頼りになるところを示してはいるが、通算打率は3割に届かなかった。打者としての安定感を示し、よりチームに貢献することでプロからの指名を待ちたいところである。

社会人選手の場合、球団は順位にかかわらず即戦力としての指名というケースになる。それだけに、実戦に即したタイプが求められていく。

大谷翔平の「移籍先」、
阪神・岡田監督の「謎語録」、
失踪・キューバ選手の行方、
「ハンバーグ師匠」広告料……

12連発

球界「素朴な疑問」

疑問に思うことがあっても、意外に調べないのが人の常。誰もが気になってはいたが、そのままに……というインパクト強めな球界ニュースの真相、後日談を徹底調査した。

取材・文＝宝島プロ野球取材班

米メディアは「メッツ」本命と報道
今季オフFA「大谷翔平」はどこへ行く？

2023年シーズン終了後にフリーエージェントとなる大谷翔平。「その時には史上最大級の入札競争が開始されるだろう」とアメリカの複数メディアが伝えている。

FOXスポーツの予想する移籍先の1位はニューヨーク・メッツ。メッツのオーナーは「ヘッジファンド王」とも称される大富豪のスティーブ・コーエン氏。年俸総額が一定を超えた際にかけられるペナルティ、いわゆるぜいたく税も歯牙にかけない潤沢な資金力があり、今季もジャスティン・バーランダーや千賀滉大らを補強している。

一方、エンゼルスも大谷残留に本腰を入れることになりそうだ。今年1月末、オーナーのアーティ・モレノ氏は前年に公表していた球団売却の調査を終了したことを発表。球団運営の継続を明示したうえで「やり残したことがある」とチームの将来に前向きな姿勢を見せている。具体的な目標は2014年以来となるポストシーズン進出。そのためには当然、大谷の存在が必要不可欠となる。

大リーグ評論家の福島良一氏は、「あくまでも個人の希望」と前置きしたうえで、「ニューヨークへ行ってほしい」と話す。

「アメリカは国土が広く、東と西では野球熱が違います。東部のほうが野球熱は高い。なかでもニューヨークは最も注目される地域ですし、選手にもニューヨークでプレーしてこそ『本物』という意識があります。大谷選手にはぜひ、そこで勝負してもらいたい。過去にはレジー・ジャクソン、近年ではゲリット・コールなど名だたるスーパースターたちがFAでヤンキースへ行っています」

では、一番の候補はヤンキース？

「投手としての大谷選手については問題ありませんが、二刀流となるとどうか。今のヤンキースは専任のDHがいません。ケガのリスクもあるベテランが多いため、DH枠を交代で使って適度に休ませているのです。そこに大谷選手が移籍してDHのポジションを独占してしまうというのは現在のチーム事情的には難しいでしょう。そう考えると東ならメッツ、西ならドジャースの可能性が高いと思います。この2球団はすでに今季から大谷が入団した時のため、DHのポジションを空ける準備をしているように見えます」

今季ドジャースはDH専門として、J・Dマルティネスを「単年契約」で獲得している。実績はあるが近年は成績の低下も目立つベテランだ。ほかの補強も全体的に地味な印象で、ぜいたく税を視野に入れたものだとも考えられる。メッツが今季DHに起用しているダニエル・ボーゲルバックもさほど実績のある選手ではなく、こちらも大谷と入れ替えることは難しくなさそうだ。

WBC効果もあり市場価値は爆騰中

新球場「エスコンフィールド」の悲劇「野球規則違反」問題はどうなった？

日本ハムファイターズが今季から本拠地としている新球場「エスコンフィールド北海道」だが、昨年11月の完成間近になって問題が浮上した。

公認野球規則では、本塁プレートからバックストップ（バックネット）までの距離は60フィート（18・288メートル）以上を基準としているが、この球場はそれよりも3メートルほど短い約15メートルしかないことが判明。新球場では以前の本拠地・札幌ドームよりも客席からの距離が近く臨場感を味わえることを売りとしていたが、そこをセ・パ両リーグ会長と12球団の代表からなるプロ野球実行委員会に「公認野球規則違反」として指摘されてしまった。

ただし、アメリカのルールブックでは「60フィート」について「推奨する」とはしているが、罰則規定などを設けて禁止しているわけではない。実際にもMLB30球団のホームスタジアムではこの規定を満たしていないところのほうが多いぐらいで、むしろ観客席からグラウンドまでの距離を短くすることが近年の流行にもなっている。

今回、日本ハムが球場設計を依頼したのが実際にMLBの球場を手掛けている設計事務所であったことから、エスコンフィールドでもアメリカのトレンドを取り入れたのだろう。

距離不足が発覚した当初、12球団代表者会議では「日本ハムが23、24年オフに改修を行う」ものとして、特例で球場の使用が認められることとされた。しかし同会議では、そもそも野球規則の改正を進めることにもなっていたため、日本野球機構（NPB）ではこのファウルグラウンド問題について、日ハム側に新たな条件を課したうえで球場改修を行わずに使用を続けることが了承された。

その条件は「球団は公認野球規則他のルール遵守の姿勢を改めて表明すること」「球団からNPBに対し野球振興協力金を支払う」の2つ。要は「ミスはちゃんと謝罪したうえで、誠意の証しとして寄付をしろ」ということで、寄付の額は定かでないが、関係者からは「3億円程度」との声が聞かれる。

なんとか本拠地としての使用が認められたエスコンフィールド北海道だが、では実際の試合において、ファウルグラウンドが狭いことの弊害はないのか。フライアウトがいくらか少なくなることは確かだろうが、しかし投手によっては「捕手の後ろのファウルゾーンが広いと、遠近感がつかめず投げにくい」との声もあって、功罪相半ばするというのが実際のところのようである。

WBC敗戦後に「行方不明」に 中日・ロドリゲス（キューバ）は今どこ？

WBC2023にキューバ代表と――して参加。1次ラウンド・プールA

のイタリア戦や、準決勝アメリカ戦に登板したジャリエル・ロドリゲス。

3月19日の準決勝でキューバがアメリカに敗れたあとには所属する中日ドラゴンズへ戻る予定となっていた。しかし、同じくキューバ代表で中日では同僚のライデル・マルティネス、中日から日本ハムへ移籍したアリエル・マルティネスらが日本へ戻ってくるなか、ロドリゲスの姿は見当たらなかった。

この件について来日予定の前日、3月28日に全米野球記者協会所属のフランシス・ロメロ記者はツイッターで「情報源によると、ロドリゲスは数時間前にドミニカ共和国に到着した」と、いわゆる亡命していたことを発信。さらに「MLBスカウトによると、ロドリゲスは5年500万ドル前後の契約を結ぶ可能性がある。評価は先発ローテで3～5番手」などと伝えた。

なお中日は、ロドリゲスとの契約に関してキューバ野球協会との間で結んでいる。2022年にキューバ野球連盟は世界野球ソフトボール連盟との間で、一部選手に個人としてプロ契約することを認める内容の覚書を締結しているが、これにロドリゲスは含まれておらず、あくまでもキューバという社会主義国家に属する選手という状態にあった。このためロドリゲスの一応の推定年俸は2億円とされているが、これはキューバとの契約であって、そこからロドリゲスにいくら支払われているのかはわからない。

キューバからすればロドリゲスは、日本から外貨を獲得するための選手であり、それが亡命したとなると、契約先である中日の管理者責任ということになる。

亡命情報が流れた28日には、キューバ野球連盟はロドリゲスが中日に戻っていないことを認めたうえで、「契約が遂行できなくなったのは中日側の責任」として「損害賠償金1000万ドルを要求する」との声明を発表している。

その後も中日はロドリゲスとの連絡が取れないままでいたが、4月9日にはやはりロメロ記者が、ドミニカで撮影されたというTシャツ姿でトレーニングするロドリゲスの動画をツイッターに上げている。

中日にとってロドリゲスは、昨季56試合に登板して39ホールドを挙げ、最優秀中継ぎ投手のタイトルを獲得した重要な戦力であり、それを失うだけでなくキューバ政府への賠償金まで支払うことになれば、まさに踏んだり蹴ったりだ。一方のロドリゲスも、契約上は完全に中日の所属選手であるため、中日側が自由契約としない限りメジャーに移籍することはできない。

この問題の解決方法としては、ロドリゲス獲得を希望するＭＬＢ球団が、キューバ野球連盟と中日のそれぞれに「いくら積むか」にかかってくるのだろう。

家族の人間関係が整理できない！ 結局、ダルビッシュの子どもは何人？

ダルビッシュ有の家族にまつわる報道を見聞きして「一体誰のことを言っているのか」と、よくわからないままの人も多いのではないか。一度、整理しておこう。

前妻はタレントの紗栄子さんで、現在の妻は元女子レスリング世界王者の聖子さん（旧姓・山本）。聖子さんの姉は、やはり元女子レスリング選手で、現在「ＲＩＺＩＮ」などで活躍する山本美憂さん。兄に２０１８年にがんで亡くなった総合格闘家の山本ＫＩＤ徳郁《のりふみ》さんがいる。

紗栄子さんとの間には15歳と13歳の息子がいて、いずれも今はイギリスの私立全寮制学校に通っているとされる。離婚後に「養育費として毎月１０００万円が支払われている」との噂が流れたが、金額についてはダルビッシュと紗栄子さんの双方が否定的なコメントを出している。

聖子さんは再婚で、前夫との間に生まれた今年16歳になる男児が１人。ダルビッシュとの間には3男１女の４人の子をもうけている。

子どもに関していったん整理すると「別れた妻と暮らす子が２人」「現在の家族には子が5人いて、うち1人は妻の連れ子」となる。今年2月に聖子さんが自身のブログで「体重が80キロ超になった」と野球をする姿の写真を掲載した「長男のショウエイ」さんとは、連れ子のことを指している。

また、ダルビッシュ自身の兄弟に

は2つ下の翔さんと5つ下の賢太さんがいる。

少年鑑別所へ送られたことなど度々悪さが報じられ、ネットで「ワルビッシュ」と呼ばれたのは翔さん。2013年にはDark翔のリングネームで格闘家デビューも果たしているが、同時に大麻所持容疑など複数回の逮捕歴があるともいわれる。現在は大阪で建築業を営んでいて、これと並行して2020年頃からはアウトロー系ユーチューバーとして「ワルビッシュTV」を開設。今年4月の時点で登録者数23・8万人、動画の総再生回数は1億2000万回以上の人気チャンネルとなっている。

賢太さんはKENTAの芸名で学生時代から俳優活動をしていたが、タレント業引退後の2022年に精巣がんが発覚して、現在は抗がん剤治療などで闘病中だ。

兄弟の仲は良さそうで、それぞれがツイッターやインスタグラムで交流の様子をアップしている。

「岡田語録」が関西のスポ新を席巻中 常套句「お～ん」の意味って何なの？

勝っても負けても阪神タイガース。関西のスポーツ紙でいま大注目されているのが、今季から阪神の監督に復活した岡田彰布監督の「岡田語録」だ。岡田監督の試合前や試合後の発言をまとめたものである。

「メディアの前でしゃべったことはすべて書いていい。そんな暗黙のルールの下で岡田監督の囲み取材が行われる。実際、これまで〝今のは書いたらアカンで〟と言ったことが一度もない。過去にそんな監督はいなかったが、オフレコが一つもないから書く側にも気配りが必要となる。岡田監督の本音が聞けるとあって阪神ファンのみならず、選手にも好評です」（スポーツ紙デスク）

各社の岡田語録は、「岡田監督のまあ聞いてえな」（サンスポ）、「新岡田語録アレやコレや」（スポニチ）、「岡田監督アレトーク」（デイリー）、「岡田監督語録はっきり言うて」（ニッカン）のタイトルで囲み記事になっている。さすがに巨人の機関紙といわれるスポーツ報知だけは、岡田監督のコメントは載るのだが、囲み記事ではない。

「岡田監督に質問すると〝どストレート〟で返球されてくることが多く、記者同士が顔を見合わすことも少なくない。たまに変化球が返ってくることもあるが、その時は記者の読解力を試していることが多い。

もうひとつの特徴は主語を飛ばして話すこと。そのため記者はカギ括弧で補足しなければならない。しかも各社が独自で解釈をして補足しており、若干ニュアンスが違うことも珍しくない」（担当記者）

岡田節には「はっきり言うて」「そんなんオマエ」「お〜ん」が頻繁に出てくる。「アレ（＝優勝）」は選手だけでなくファンにも広く浸透。今年の球団スローガンにもなったが、岡田節の代表的なものとして「そらそうよ」があった。

「毎日チェックされるようになると、実際には〝そらそうよ〟はあまり口にしないことがわかったが、岡田監督に言わせれば〝記者が勉強不足でオレの言いたいことを代弁してくれへんから〟だそうだ。ちなみに一番よく口にするのは〝お〜ん〟という言葉で、監督の口癖のひとつで相槌《あいづち》なんです」（虎番記者）

相槌まで「語録」になる。岡田監督から目が離せない。

「そらそうよ」は意外に言わない!?

お笑い芸人が自腹を切って出稿「ハンバーグ師匠」広告料のお値段は？

かつての中日ドラゴンズの本拠地で、現在は主に二軍戦に使われているナゴヤ球場。その外野左翼フェンスに、今季から「ハンバーグ師匠」の文字と、カウボーイハットをかぶった似顔絵が描かれている。お笑いコンビ、スピードワゴンの井戸田潤は愛知県小牧市の生まれで、名古屋で中日応援番組の司会を任されるほどの熱烈な中日ファン。そんな井戸田が自腹を切って、球場に広告として出稿したものだ。

実は昨年にも、やはり中日ファンで人気バンド「サカナクション」のボーカルを務める山口一郎が、同じナゴヤ球場の外野右翼フェンスに自腹広告を出している。

ナゴヤ球場の広告費については公表されておらず、残念ながら一般への販売もされていない。あくまでも球団を愛し、盛り上げようという著名人たちの好意で成り立っているものなのだという。

では正規の球場広告は、一体いくらぐらいかかるものなのか。

昨年、熱烈なカープファンであるお笑いコンビ、アンガールズの2人が「テレビ番組『99人の壁』で獲得した賞金を使ってマツダスタジアムに看板を出したい」とオファーしている。結局空きがなくて断念することになったが、同番組の賞金額は100万円だったから、それだけの額があれば位置や大きさは不明ながらも球場に何かしらの広告を出すことはできそうだ。

公表されている価格でいうと、2020年度の阪神甲子園球場と阪神鳴尾浜球場における広告掲載料（一部）は以下のとおり。

〈阪神甲子園球場〉

●スコアボード・メインビジョンの試合中に流れる映像広告……広告料金1000万円、製作費50万円（いずれも税別）

●内野スタンドの銀傘からぶら下がる形のバナー広告……広告料金1000万円、製作費40万円（いずれも税別。2年ごとに新規作成）

●春・夏高校野球期間中のベンチ横扉広告……広告料金500万円、製作費40万円（いずれも税別。春夏の大会開催前に張り替え）

〈阪神鳴尾浜球場〉

●外野フェンス広告……広告料金350万円、製作費30万円（いずれも税別。サイズは縦1・3メートル、横7・5メートル）

屈指の人気球団である阪神は、二軍戦についても地元局や衛星放送での中継があるため、ほかよりいくらか高めの設定になっているかもしれないが、おおよその目安にはなるだろう。

なお、メジャーリーグ中継では日本語の広告を見かける機会が増えているが、最近では実際の球場に広告を掲示するのではなく、テレビ中継用にＣＧをはめ込んで実際の映像と合成しているケースが多いようだ。

大谷が今季から使用バットを変更「チャンドラー」ってどんなメーカー？

大谷翔平は２０１４年の日本ハム入団以来アシックス社とアドバイザリー契約を結んできたが、今季からは米国チャンドラー社製のバットを使用している。

３月時点ではまだチャンドラー社からの公式な発表は行われていないが、侍ジャパンの試合でホームランを打った時も、バットの真ん中あたりにチャンドラーの頭文字の「Ｃ」を象《かたど》ったロゴマークが確認できる。

「日本では馴染みの薄いメーカーですが、ＭＬＢでは昨年ア・リーグのホームラン王でシーズンＭＶＰも獲得したアーロン・ジャッジ選手が愛用していることで知られています」（大リーグ評論家・福島良一氏）

アメリカのバットメーカーとしては、かつてはルイビルスラッガーやローリングスといった老舗の独占状態だったが近年は様相が異なっている。

２０００年代に入ってからはアルバート・プーホールスが使う「マルーチ」や、ティム・アンダーソンの「ビクタス」といった新しいメーカーがシェアを伸ばしており、２００９年設立のチャンドラーもそんななかの一社。２０１２年にヤンキースへ移籍したラウル・イバニェスがチームメートに「よく飛ぶバット」と紹介したことから米球界に広まり、２０１９年に同社が破産申請をした際には当時ニューヨーク・メッツに所属していたヨエニス・セスペデスが「このバットをなくしたくない」と同社に出資して、現在に至っている。

大谷はこのバットについて「打感は硬めかなと思いますね」「振りやすさが飛距離にもなるし、アベレージにも関わってくる。心地よくスイングできるかというのが一番大事かなと思います」とコメントしている。

素材についての正式な発表はないが、バットには「ＭＡＰＬＥ」の刻印が見られる。

また大谷は今季、バットだけでなくグラブとスパイクも、これまでのアシックス社からニューバランス社のものに変更している。

これら用具を一新したことについても明確な理由は発表されておらず、そのため「超高額な契約金攻勢があったのではないか」とも噂される。

ちなみにNBAのスター選手であるカワイ・レナードがジョーダンブランドのシューズからニューバランス社に乗り換える際に結んだ契約は「年平均500万ドル×4年」だったと地元紙は伝えている。

とはいえ金額だけの問題であれば「大谷ブランド商品」の販売を考えた時にアシックスも惜しまないはず。そのため別の理由があったと考えるのが自然だろう。

エンゼルスの本塁打セレブレーション 同モデルの「兜」が注文殺到って本当？

4月7日のエンゼルス本拠地初戦、2ランホームランを放って生還したマイク・トラウトの頭に、正面に獅子をあしらった日本式の兜がかぶせられた。この兜は今季のホームランセレブレーションとして昨季のカウボーイハットに代わって採用されたもので、地元中継局のリポーターは「あれはサムライ・ウォリアー・ヘルメットです。ショウヘイが用意したと聞きました」とはしゃいだ様子で伝えた。

この時、トラウトが兜をかぶった姿に、違和感を覚えたファンもいたようだが、これは兜の前立て（鍬《くわ》形《がた》）が、裏表を逆につけられていたため。さらに翌日、トラウトが2戦連発のホームランを放った際には、鍬形の右側がない状態となっていて「早くも壊れたのではないか？」と危惧する声も上がった。

だが、この兜を製造した丸武産業の広報当者によれば、

「もともと兜の鍬形は、合戦などで何かに引っ掛かった時に固定されていると首ごと持っていかれて危険なので、着用者の安全性を考慮して障害物などに当たったときには、その衝撃で容易に外れるつくりとなって

いる」

という。つまりエンゼルスの兜の鍬形はもともと着脱可能な仕様で、決して壊れたわけではなく、この日もちょっとした衝撃によって一時的に外れたものだったわけだ。

その後はエンゼルスの面々も兜の扱いに慣れてきたようで、今では問題なく兜パフォーマンスが行われている。

兜の件がメディアで報じられてから、製造元の丸武産業では多数の問い合わせが続いているという。

「とても大きな反響を多数いただいており、丸武オンラインショップのアクセス数も数十倍に跳ね上がりました。〝来城者〟も目に見えて増えており、大谷選手の人気の高さを実感しています」（丸武産業・広報担当、以下同）

なお、エンゼルスモデルの兜は丸武産業のオリジナル製品で、重さは約2キロ。兜のみの値段は33万円で、甲冑《かっちゅう》などまでセットにした場合は77万になるという（いずれも税込み）。

ちなみに、「来城」というのは鹿児島県にある同社の甲冑工房が、城を模したつくりのテーマパーク的なものになっているため。入場無料で一般に公開されており、敷地面積は4000坪にも及ぶ。ここでは同社が製作して映画などで実際に使用された鎧《よろい》兜や、戦国武将の甲冑を再現したものが展示され、工房見学などもできる。

「エンゼルスで使われているものと同モデルの兜の注文は多数いただいていて、通常は1～2カ月で製造・お届けできるのですが、今はご注文いただいても11月までお待ちいただくことになります。今回のように、いろいろな場所で話題にしていただき、ご紹介いただけることは、伝統産業に携わる工房としてうれしい限りです」

早くも来年の端午の節句用の稚児鎧兜ということで、エンゼルスの兜と同じモデルの注文も入っているのだとか。

サムライ・ウォーリアー・ヘルメット

大谷ファンにお馴染みのネットスラング「なおエ」を意味する英語はあるの?

2023年4月3日、オークランドでのエンゼルス対アスレチックス戦。5回表に2番マイク・トラウトが2ランホームランを放って球場が騒然とするなか、続いて打席に立った大谷は相手左腕ケン・ウォルディチャックが初球に投じたインローのスイーパーを強振。センターへ向かった打球はどんどん伸びて、スタンド上部を直撃した。

大谷の今季初アーチに米スポーツ専門サイトの名物記者ジャレッド・カラビス氏は自身のツイッターで「トラウトにオオタニが続いたぞ!」「2人がTungsten Arm O'Doyleを黙らせる」と興奮気味に投稿した。

この「Tungsten Arm O'Doyle」という言葉、直訳すると「〝タングステンの腕〟オー・ドイル」となるが、これは一体どういう意味なのか。

もともとは2021年のいちファンによるツイッター投稿が由来で、その内容は以下のようなもの。

「エンゼルスのハイライトを見るたびにいつもこんな感じだ。〝マイク・トラウトが3本のホームランを放ち打率を5割2分8厘に上げ、ショウヘイ・オオタニは、1921年アクロン・グルームズメンの〝タングステンの腕〟オー・ドイル以来となる何かを成し遂げた。試合はタイガースがエンゼルスを8-3で下した〟」。

ここに出てくる「アクロン・グルームズメン」は投稿者が創作した架空のチームで、「オー・ドイル」もベーブ・ルースを想定したと思われる架空の選手。米国人からすると、ここに使われているそれぞれの単語や語感が面白く感じられるらしいのだが、そのあたりのニュアンスは英語ネイティブでない日本人には理解しづらい。

ともかく、ここに書かれている「いろいろと偉業は達成されたが、試合はエンゼルスの負け」という部分がまさに核心を突いているということで、アメリカのベースボールファンの間に広がっていったという。

日本でも「なおエンゼルスは試合に敗れました」を意味する「なお

エ」がネットスラングとして使われているが、その英語版が「Tungsten Arm O'Doyle」というわけだ。

「なおエ」＝「Tungsten Arm O'Doyle」は今季も相変わらずの様子で、大谷の活躍がありながら中継ぎ陣が崩れてエンゼルスが敗戦する様子はすっかりお馴染みとなっている。

4月15日のレッドソックス戦が象徴的で、6回に大谷が勝ち越しタイムリーヒットを放ったものの、8回の相手の攻撃で打撃妨害による出塁が2度も続くという珍事が起こり、それをきっかけに逆転負けを喫してしまった。

「なおエ」状態が続く限り、今オフの大谷FA移籍はどんどん現実味を帯びてくる。

WBC会見で大谷へ「故意死球」発言 韓国代表の問題投手は活躍している？

今年1月、地元メディアのインタビューでWBCでの大谷翔平との対決について問われた際に「真っ向勝負がしたいが、どうしても投げるコースがなければ痛くないところに当てる」と故意死球を狙うような発言をしたことで批判を浴びた韓国代表の高佑錫《コウソク》投手。

韓国のKBOリーグでLGツインズに所属する24歳の高投手は、昨季抑えとして61試合に登板して4勝2敗42セーブ、自責点1・48の好成績を挙げ、代表の守護神を期待されていた。

発言が問題視されると、2月の代表合宿後には「大谷があまりにもすごい打者で弱点がないように見えた。本当に投げるところがなければ痛くないお尻に遅いボールを投げる、と

高投手は結局、WBC本戦には一度も登板せず

言った」とこれを認めたうえで、反省を口にしている。

韓国地元紙には「実際に大谷にぶつけてしまったら、故意かどうかはともかく、所属チームのエンゼルスだって黙っていないだろう。今や大谷は米国を代表する世界的な選手でもあり、政治を含めた日米韓の国際問題となってもおかしくない」との韓国球界OBの発言が掲載された。スポーツマンシップの話が真っ先に出てこないのは、お国柄や文化の違いということか。

WBC本番の日韓戦でも、金允植《キムユンシク》投手がラーズ・ヌートバー選手へ死球を与えたことについて「バットを投げて不快感を露骨に表し、ずっと投手を挑発した」「意図的挑発で投手の心理を揺さぶった」（スポーツ朝鮮）と、むしろ当てられたヌートバーを批判的に報じている。

故意死球発言の高投手は、来日後の3月6日に行われたオリックスとの強化試合で7回途中に登板。ここは無失点に抑えたが、8回途中に肩の違和感を訴えると、わずか12球で降板して、本戦には一度も登板しないまま帰国している。

帰国後のMRI検査では肩の筋肉の炎症が見つかったとして、チームは「2週間の休息と投薬治療が必要だという診断を受けた」と発表。高投手はチームへ合流せずに治療を続け、4月11日の二軍戦でようやく実戦復帰している。

当初の診断よりもいくらか時間を要したのは、故意死球発言を叩かれたことの精神的なダメージもあったのかもしれないが、それよりもWBCでの韓国代表惨敗に対して起きたファンからの激しいバッシングを避ける意味合いからのことではないかと地元メディアは伝えている。その後、4月16日には一軍に合流して復帰を目指している。

なお、3月13日のスポーツソウルは、韓国野球委員会の関係者の話として「韓国が1次ラウンドでプールAではなくプールBに入ったのは水面下の調整のおかげ」と伝えている。韓国内での盛り上げのために、本来韓国は台湾でプールAを戦うことになっていたところを、プールBに入れるようにロビー活動をしたということなのだが、そうした策略はいろいろな意味で失敗に終わったと言えそうだ。

空前の「WBCフィーバー」でプロ野球の観客動員数は増えたのか？

3月22日にテレビ朝日系で生中継されたWBC決勝・日本対アメリカ戦は平均世帯視聴率42・4％を記録（ビデオリサーチ調べ、以下同）。平日の午前中に、およそ5000万人が観戦したことになる。さらにTBS系で当日19時から放送された再放送も22・2％の高視聴率で、今大会の日本戦全7試合の生中継はいずれも40％超となった。

昨年のリアルタイム視聴率の最高は「FIFA ワールドカップ2022 日本対コスタリカ」の30・6％だったため、これを3月にして大幅に塗り替えたことになる。

WBCがこれだけ注目を集めたのならば、日本のプロ野球にもその波及効果を期待したいところだったが……。

3月30日にテレビ東京が放送したパ・リーグ開幕の日本ハム対楽天戦の関東地区での世帯視聴率は5・5％（19時からの144分）。関東ローカルであるテレ東の平日の数字としてはまずまず健闘した部類だが、これは、さまぁ～ずや吉村崇、斎藤佑樹らを起用して新球場エスコンフィールドを紹介するなどバラエティ色を取り入れたことがプラスに働いたところもあったか。

続く31日に放送された日本テレビ系列の巨人対中日戦は同じく19時からの144分で8・4％。テレ東よりは上だとはいえ、昨年の横浜DeNAとの開幕戦の世帯視聴率は8・8％。さらに一昨年、新型コロナの影響で開幕が約3カ月遅れた巨人対阪神戦も10・7％。今季の開幕戦はそれらよりも視聴率を落としたことになる。

そうしてみると、WBCで高まった野球人気は、テレビの通常放送にほとんど影響がなかったようだ。

では球場への観客動員についてはどうか。

NPBの発表する今季開幕後6～8試合でのセ・パ公式戦の平均動員数を見ると、12球団中の10球団で昨年平均を上回っている。

下がったのは楽天と巨人で、楽天については、まだこの時期は季節的に寒さの影響もあるだろう。巨人も下がったとはいえ昨年全試合の平均が3万2199人、今季8試合の平均は3万1621人だから誤差の範囲と言えそうだ。

開幕直後はファンの野球熱も高く動員数が多くなるのは当然ともいえるが、WBC熱の影響を感じさせる出来事もあった。

4月14日のZOZOマリンスタジアム、侍ジャパンで先発を務めた佐々木朗希と山本由伸の両者が先発した千葉ロッテとオリックスの対戦はほぼ満員となる2万9088人の観客を集めた（最大収容人員は2万9916人）。平日開催ではかなり異例の数字で、日本ハムを相手に迎えた今季本拠地開幕戦の2万6610人を上回っている。

結論としては「WBC人気の好影響はあるものの、かなり限定的」ということになりそうだ。

「東京に2球団はいらない」問題
東京ヤクルト「移転」の噂の真相は？

2004年7月、ヤクルトとロッテの間で合併交渉が行われていることをスポーツニッポンが報じた。当時、近鉄とオリックスの合併交渉が進むなか、読売ジャイアンツのオーナーだった渡邉恒雄氏をはじめとするいくつかの球団オーナーの間で「現状の2リーグ12球団から1リーグ8～10球団にする」との球団再編構想が持ち上がり、それを受けての合併案だった。

結局、選手会の反対もあって、新たに楽天が参入することで2リーグ12球団体制は維持されることになったが、それとは別に「東京に巨人とヤクルトの2球団はいらない」という議論が起き、「ヤクルト移転」の声が一部ファンや関係者の間で持ち上がる。

この時期「松山坊っちゃんスタジアム」のある愛媛県や、「新潟県立鳥屋野潟公園野球場（HARD OFF ECOスタジアム新潟）」を持つ新潟県がプロ球団の誘致に積極的な姿勢を見せていたこともあり、松山市や新潟市への球団移転がまことしやかに囁かれることとなった。だが現実には、地方都市の観客動員力や球場の収容能力、立地条件などもろもろの問題があり、そもそも移転の交渉があったかどうかも定かではなかったため、徐々にこうした噂は沈静化していった。

そんなヤクルトが、今後は日本の野球文化の中心に立つかもしれないという。

神宮球場が２０２６年に創建１００周年を迎えるのに合わせて、「新神宮球場」の建設計画が進んでいる。三井不動産、明治神宮、日本スポーツ振興センター、伊藤忠商事の4社による「神宮外苑地区まちづくり」プロジェクトでは、新球場をホテルや商業施設などと併設した「ボールパーク化」する計画もあるのだという。

新球場の着工は２０２４年で、完成は２０３１年。その翌年から利用開始となる予定。工事期間中は現在の神宮球場で公式戦が引き続き行われることになる。神宮外苑再開発に関しては、約１０００本の樹木伐採計画が問題視されるなど決して順風満帆というわけではないが、都心のボールパーク実現を望む野球ファンは少なくないだろう。

同様の計画が千葉ロッテにもある。現在のＺＯＺＯマリンスタジアムは潮風の影響などによる老朽化が顕著で、千葉市の試算によると改修費用は約80億円となった。それならいっそのこと新球場を建てようということで、今年のロッテの年頭挨拶で高坂俊介球団社長も「千葉市から今後のスタジアムの在り方について具体的な相談が来ている」ことを認めている。

新球場の候補地としては、今年3月に開業したＪＲ京葉線・幕張豊砂駅そばの幕張メッセ駐車場用地が挙がっている。新駅は大型のイオンモールや幕張メッセとも近く、こちらも完成となれば野球ファンからはボールパークとして親しまれることになりそうだ。

巨人より存在感あり

球界
「素朴な疑問」
特別版！

大谷、吉田の活躍で注目される「高負荷」トレーニング

日本球界で「筋トレ」が普及しなかった裏事情

日本のプロ野球選手も「マッチョ体型」がデフォルトになるのか——大谷翔平の驚異のマッチョ化、吉田正尚のＷＢＣでのＭＶＰ級の活躍。野球選手にとって「筋肉量」は成功の必要条件なのか。日本球界初のコンディショニングコーチが語るその真実。

取材・文＝宝島プロ野球取材班

ＷＢＣ優勝の立役者といえば、投打二刀流の大谷翔平（ロサンゼルス・エンゼルス）、大会トップの13打点を上げた吉田正尚（ボストン・レッドソックス）。２人の共通点は「マッチョマン」であることだ。

ＭＬＢでウエートトレーニングは「常識」

大谷は２０１８年にＭＬＢへ移籍してから筋肉量の増加が加速。２０２０年には、自身のインスタグラムにデッドリフトで体重の約2倍にもなる４９５ポンド（約２２５キロ）の重量を挙げる動画を公開し、パワーリフティング選手並みの筋力を披露した。吉田は高校時代から筋力トレーニングに熱中し、大学時代には筋肉で体重を10キロ以上も増やしたという。プロ入り後の自主トレーニングでは、２００４年アテネ五輪陸上競技のハンマー投げ金メダリスト・室伏広治氏（現スポーツ庁長官）から指導を受けてきた。ＷＢＣを取材したスポーツ紙記者が言う。

「ＭＬＢでは、ウエートトレーニングを重視することはもはや常識です。日本球界ではこれまで、アメリカにコーチ留学した指導者や、ＭＬＢに移籍した日本人選手が、そこで学んだ練習や調整方法を、オフの自主トレや日本球界復帰で選手たちに伝えてきました。しかし、昔の常識にとらわれる指導者や、コーチの指示には従うという日本的な習慣から球界全体には浸透せず、『知っている選手は知っている』という範囲にとどまってきた。今回のＷＢＣで、野球選手にはウエートトレーニングが必須であることが一般的にも明確になったと思います。大谷選手、吉田選手だけでなく、日本代表には投手では伊藤大海選手（北海道日本ハムファイターズ）や、野手では村上宗隆選手（東京ヤクルトスワローズ）など、ガタイがいい選手が多かった。左脇腹の負傷で出場辞退となった鈴木誠也選手（シカゴ・カブス）も、この春には筋肉だけで体重を10キロ増やし、１０６キロでキャンプイン。今回の日本代表は、アメリカの選手と並んでも、体格的に遜色《そんしょく》のない選手たちが多かった」

かつては、投手陣にウエートトレーニングなど必要ないといわれた時代があった。それどころか、上半身の筋力トレーニングは「投げられなくなるから」と禁忌とされ、ランニングが最重要視されてきた。実際、アメリカでも1960~1970年代においてはウエートトレーニングは異端視されており、のちに名投手となるノーラン・ライアンが肘の故障をきっかけに筋力トレーニングにいそしんだ際、周囲から反対の声も上がったという。しかし、彼が残した、7度のノーヒットノーラン、通算5714奪三振は現在もMLB歴代トップの記録。ウエートトレーニングはアメリカで新常識となった。

近鉄が牽引した第1次ウエートブーム

日本における筋力トレーニングの創成期は、1980年代後半にさかのぼる。当時の強豪・浪商（現大阪体育大浪商高校）出身の立花龍司氏は、大阪商業大学時代に投手として肩を故障した経験からスポーツ医学の道に進み、1989年に近鉄バファローズ（現オリックス・バファローズ）に日本球界初のコンディショニングコーチとして入団した。当時の監督・仰木彬氏は選手を型にはめることなく、個性を伸ばすタイプ。当時としては異例だった独特のフォーム「振り子打法」のイチロー（現シアトル・マリナーズ会長付特別補佐兼インストラクター）を売り出した人物でもある。

立花氏は当時、オフのたびにアメリカへ短期留学し、最新のトレーニング情報をアップデート。近鉄の選手たちにウエートトレーニングを推奨したが、当初は疑問視されることもあったという。

「昔は、投手は『ボールより重い物を持つな』と言われた時代です。ウエートトレーニングの重要性をなかなか信じてもらえなかった時期もありました。実践した選手が結果を出したことで、取り入れる選手が増えてきました」（立花氏）

野手では大石大二郎（現野球解説者）が復活を果たした。俊足巧打の選手として活躍し、1983年、1984年に2年連続盗塁王。1988年に肩の手術を受け、翌年に入団してきた立花氏と出会った。大石は、そのリハビリの過程でウエートトレーニングを実施し、1990年にはリーグ2位の打率3割1分4厘の好成績を上げ、1992年には近鉄史上初の日本人「1億円プレーヤー」となった。

チームは1989年に9年ぶりのリーグ優勝を飾り、投手陣もパ・リーグを席巻した。同年は左腕・阿波野秀幸（現読売ジャイアンツ一軍チーフコーチ）が最多勝、最多奪三振のタイトルを獲得。さらに、1990年には、のちにトルネード投法でMLBを席巻する野茂英雄（現サンディエゴ・パドレスアドバイザー）が入団し、4月29日のオリックス・ブレーブス（現オリックス・バファローズ）戦で1試合17奪三振のプロ野球タイ記録をマークする。シーズンでは2桁奪三振試合で21を数える日本新記録を樹立したほか、防御率、最高勝率、最多勝、最多奪三振、最優秀新人賞、MVP、沢村賞、ベストナインとタイトルを総なめにした。1992年には野茂が自らの記録を塗り替えつつ、赤堀元之（現独立リーグ・淡路島ウォリアーズ監督）が最優秀救援投手のタイトルを獲得したうえに、ロングリリーフが常だった時代性も相まって、防御率トップにも輝くという珍現象も起こった。

このように、日本のプロ野球におけるウエートトレーニングの〝第1次ブーム〟は1980年代後半から1990年代にかけて、近鉄で始まっていたのだ。

ただし、このムーブメントは一時停滞する。1997年に西武ライオンズ（現埼玉西武ライオンズ）から巨人へ移籍した清原和博は度重なる故障に悩まされたことで、1999年オフから肉体改造を開始。当時ブームになっていた格闘技選手のような〝筋肉の鎧〟を身に着けた。レギュラーに返り咲き、復調したかに見えたが、2006年にオリックス・バファローズへ移籍。再起を図るも、故障を抱えたまま2008年に引退した。過去に日本の球団でコンディショニング担当を務めたトレーナーが説明する。

「競技によって、必要な動き、筋肉は異なります。清原選手の場合は、筋力をつけて体を大きくするという点では当時の最先端でしたが、故障に苦しめられたことを踏まえると、インナーマッスルが鍛えられておらず、野球に特化していないウエートトレーニングをしていたと考えられます」

ウエート文化が花開いたパ・リーグ

筋肉をつけすぎるのは逆効果ではないか――。清原の苦闘でウエートトレーニングが再び疑問視されるなか、近鉄の躍進を肌で感じていたパ・リーグでは、投手・野手の双方を巻き込んでウエート文化が花開こうとしていた。

1995年、西武からダイエーに移籍した工藤公康(現野球解説者)は、移籍後に立花氏(当時、千葉ロッテに所属)の指導でウエートトレーニングを重視。さらに青学大の黄金期を築き、翌1996年にドラフト4位で入団してきた右腕・倉野信次が、工藤の〝弟子〟として入門する。これらをきっかけにホークスでは投手・野手の間で筋力トレーニングが広まり、ウエートルームが一流のジム並みに整備された。すると、パ・リーグの各球団がそれに倣うようになる。

パ・リーグでは、ビジター球団の選手も球場練習施設の使用が可能だったことも大きかった。2005年に日本ハムに入団したダルビッシュ有は、ソフトバンクのウエートルームに出入りしたことでトレーニングに開眼。1996年からホークスのコンディショニングを担当する山川周一氏(現ソフトバンク一軍コンディショニング担当)から、違う球団に所属しているにもかかわらず、さまざまな知識を授けられたという。スポーツ紙記者が言う。

「ダルビッシュは自身のYouTubeでも、その話をしています。パ・リーグでは、トレーニングの知識や情報を球団の壁を超えて共有し、ともに切磋琢磨する文化がある。しかし、セ・リーグではビジターは球場練習施設を使用できない球団もあり、自主トレも他球団の選手と集まると球団としては渋い顔をする場合も少なくありません。セ・リーグが予告先発を長年採用してきたことで、チーム内の情報がすべて守秘義務化されていたことも影響していると思います。過去10年間の日本シリーズでは、2021年にヤクルトが日本一になりましたが、9年間はすべてパ・リーグ球団が優勝。現在の〝パ高セ低〟は、このウエートトレーニングの重要性でセ・リーグが後れを取ったからかもしれません」

走りすぎると筋肉が減る

前出の立花氏によると、筋肉量を示す「除脂肪体重」が多ければ多いほど、打者はスイングスピードが増し、投手では球速が上がることが科学的に実証されているという。ただ、史上初の2年連続投手四冠・山本由伸投手（オリックス・バファローズ）がウエートトレーニングをしないように、人によって向き不向きがあり、その見極めは必要だ。それでも、ウエートトレーニングは、100人のうち80人に効果がみられるトレーニングだと言えよう。

「たとえば、ベンチプレスなら、より多くの重量を上げられる人のほうがスイングスピードは速い。これはスクワットでも同じです」（立花氏）

日本球界で従来から重要だと信じられてきた「走り込み」の有効性についてはどうなのだろうか。

「走りすぎると、筋肉が減っていくんです。持久力を鍛える有酸素運動とウエートトレーニングを併用すると筋力の発達が頭打ちになって、そこからむしろ筋力が減るというデータもあります。筋肉には遅筋と速筋、その間に中間繊維があり、ランニングをすることによって中間繊維が遅筋側に持っていかれる。したがって、走り込みをし過ぎると持久力はつきますが、速筋が鍛えられていないため瞬間的なパワーが出ない。走り込みを続けていると、選手の筋力はどんどん遅筋に寄っていくわけです」（同前）

実際に、さまざまな走り方とウエートトレーニングを組み合わせた実験が行われたという。集団を、①瞬発力系のダッシュ×ウエートトレーニング、②持久力系のランニング×ウエートトレーニング、③有酸素運動のみ、という3グループに分けて一定期間の筋力発達を調査したところ、最も筋力が伸びた集団は①の「瞬発力系のダッシュ×ウエートトレーニング」。②の

「持久力系のランニング×ウエートトレーニング」は、最初こそ筋力が上がったものの、途中からは筋力が減ってしまうという結果が出たのだ。

立花氏は、野球というスポーツに必要な特性は「最大出力」にあるとみる。

「長距離走やマラソンの選手であれば持久力が必要なので、走り込みは正しい。また、野球が黎明期のような21点先取制度を9人だけで戦うのであれば、そういう持久力も必要になる。ただ、近代野球では1試合、打者1人は平均して3～4打席。1打席当たり4球スイングしたとしても、1試合で16スイングしかしない計算になります。守備をとっても、打球が1回も飛んでこないこともある。これが野手の野球の世界です。投手は1球を投じるのに1秒もかからない。セットポジションでクイックであれば、全身運動する時間はゼロコンマ数秒。さらに、1球を投げてからのインターバルが15～20秒間もあり、1イニングの平均投球数は15球ほど。攻撃時は、えてしてベンチで座っている時間もある。野球では、投打ともに短い時間で最大出力を出せる筋力が必要なのです」

ただし、「走ること」は距離を変えれば有用だ。それは長距離のランニングではなく、30メートル走が最も効果的だという。

「延々と走ることは野球選手にとって意味のないことになってしまいますが、30メートル走は有効です。30メートル走のタイムが速い人ほどボールの速度も速い。これは、2000年代に入ってから研究者が証明してくれたことです。一方で、持久力がつきすぎている人はスイングスピード、もしくは球速も遅い。ウエートトレーニングは10週間やれば、筋力は確実に上がる。走ることに関しては年間を通して、投手・野手ともに30メートル走を軸に考えたほうがいいと思います」

(同前)

WBC第1回大会での「祝福」

かつて、日本球界の第1次「ウエートブーム」に触れた選手たち。阿波野、野茂、大石は前述したとおりで、工藤はその後、選手として11度の日本一を経験し、48歳まで現役を続けた。その〝弟子〟倉野はソフトバンクで13年間投手コーチを務め、育成選手枠で入団した千賀滉大投手（ニューヨーク・メッツ）らを育て上げ、その手腕は「魔改造」と呼ばれるほどだ。2022年にはソフトバンクを退団し、テキサス・レンジャーズへコーチ留学。今年はその傘下ルーキーリーグ投手育成コーチに就任し、MLBでは初の日本人投手コーチとなった。

そして、近鉄出身でもう一人、ウエート文化に触れた元選手がいる。MLBを経験、そして今年、千葉ロッテマリーンズの監督に就任した吉井理人だ。吉井監督は日本ハムでのコーチ時代、ダルビッシュ、大谷を指導しており、監督となった今も自身でウエートトレーニングに励んでいる。

今回のWBC優勝からさかのぼること17年。2006年の第1回大会で日本代表が優勝した際、吉井監督（当時オリックス・バファローズ）から立花氏のもとへ「おめでとう」という連絡があった。当時、立花氏はロッテでコンディショニングを担当しており、やはりウエートトレーニングを推奨。前年の2005年にロッテは1974年以来31年ぶりの日本一に輝いており、第1回WBC日本代表に清水直行（現野球解説者）、小林宏之（現マーリンズアカデミーコーチ）、藤田宗一（現野球解説者）ら5投手、野手では捕手・里崎智也（現野球解説者）、西岡剛（現独立リーグ・北九州下関フェニックス監督）ら4選手の合計9選手を送り込んでいた。

なぜWBCの優勝について、立花氏を祝福したのか。それは、かつて立花氏が語っていた「夢」に起因する。「僕はアメリカへコンディショニングの勉強に行ったけれど、いつかアメリカの人たちに日本へ野球のことを勉強しに行こうと思ってもらえるような世界にしたい」――。その言葉を覚えていた吉井監督は、「思い描いていた世界が始まるかもしれないね」という意味を込めてメッセージを送ったのだ。

今回のWBC日本代表では、吉井監督が投手コーチを務め、日本ハム時代の教え子であるダルビッシュがメジャー流の調整方法を日本代表の選手たちに伝えており、球界に「第2次ウエートブーム」が起きつつある。数十年前から、反対派のなかで孤軍奮闘しながら提唱してきた立花氏は、感慨深げに話す。

「今回の日本代表は、ダルビッシュ選手が主導してメジャー流の練習法や調整を取り入れました。それが世界一という結果になって表れたことで、ウエートトレーニングの重要性が日本でも認知される時代になったと思っています。近年では日本のプロ野球でも、選手個人がコーチに要望や意見を言える時代に変わってきました。これからも、フィジカルトレーニングのメジャー化は進んでいくでしょう」

（本文中敬称略）

第三章

プロ野球「カネ」の舞台裏

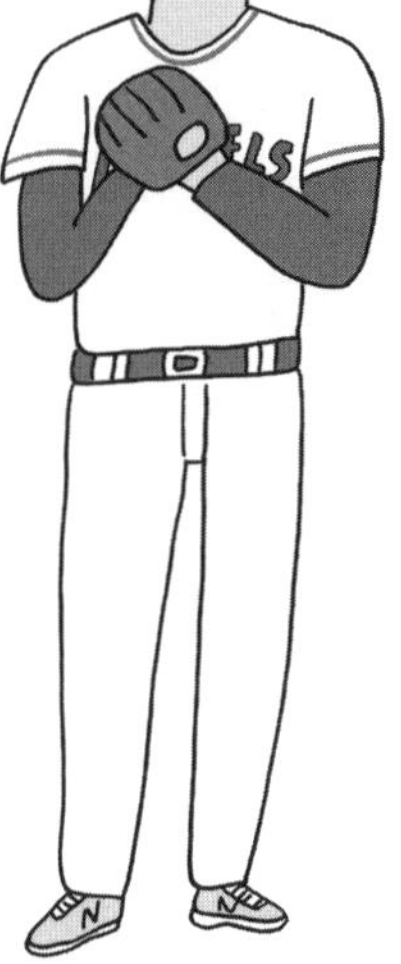

数少ない資料から「数字のプロ」が読み解く

経済記者がガチ調査
球団「経営力」ランキング

赤字球団はどこだ？

昨年限りで球団オーナーを退任したオリックスの宮内義彦氏

球団経営の実情は限りなく「ブラックボックス」だ。プロ野球の球団運営会社は未上場企業のため、決算短信や有価証券報告書など経営資料の公開義務はない。数少ない資料や過去のデータをもとに球団の経営状態を調査した。

取材・文＝平木恭一（経済誌記者）

プロ野球の球団はこれまで、親会社の知名度を上げて売り上げを伸ばす広告塔の役割を果たしてきた。そのため、球団経営が赤字になっても親会社が補填するなど長い間、甘い体質が残っていた。

しかし、球団は読者獲得のツールと考える新聞社が母体の巨人や中日を除けば、企業統治（コーポレート・ガバナンス）が厳しくなるにつれて各球団は経営の自立を求められるようになってきた。球界も遅まきながらスポーツビジネスに目覚め、自主独立の経営体制でJリーグなど台頭するプロスポーツとの競争を展開している。わが国では長くスポーツ娯楽の絶対王者だったプロ野球が、今後もその地位にとどまることができるかどうかは、チームを支える球団運営の巧拙にかかっている。経営の現状を探ってみた。

巨人と中日は経営情報なし

企業経営を把握するには財務状況を調べることが不可欠。そのためには会計報告や年度決算などの財務情報が必要だ。

しかし、プロ野球の球団運営会社は未上場企業のため、決算短信や有価証券報告書など経営資料は公開の義務はなく、一部の球団を除いて経営情報はないに等しい。

今年30周年を迎えたJリーグは最上位のJ1だけでなくJ2、J3まで上場企業並みに決算情報をきちんと開示している。プロ野球で言えば二軍、三軍の経営実態に至るまで、プロサッカー界は適切に開示しているのだ。プロ野球チームを運営する球団は上場企業ではないから公表しなくていいとの言い訳は通用しない。ディスクロージャー（情報開示）ではJリーグと比べて天と地の開きがあり、プロ野球界はお話にならないレベルである。この点はあらかじめ強調しておきたい。

12球団の経営情報だが、巨人と中日を除く10球団は毎年、官報に「決算公告」を掲載している。企業は会計（事業）年度の終了後に決算を公告することが会社法で義務付けられているが、実態は任意扱いだ。記載内容の基準も厳密ではなく資料性に乏しい。新聞数紙に転載されるが、中身は賃借対照表だけというのが一般的だ。

賃借対照表は会社が保有する資産と負債の情報で、バランスシート（BS）とも呼ばれる。BSは会社にいくら資産があり、保有する資金はどのように調達し、どのように運用しているかを示す財務情報である。

BSに記載された数値をもとに、経営の健全性指標の代表格である「自己資本比率」など4項目の健全性指標を算出した【表1】。ただし、あくまで指標なので、数値の多寡と経営実態は必ずしも比例しない。

自己資本とは資本金など返済義務のない金のことで、「純資産」（資本の部）ともいう。自己資本比率は、自由に使えるお金（純資産）を保有資産の総合計（総資産＝資産＋負債）における比率で見る。数値が高いほど万が一の経営リスクへの対応能力に優れ、経営は健全と言える。低いと自己資本ではないお金（借入金など）の返済に追われるので、経営状態は芳しくないと判断される。

経営状態万全の日本ハム

セ・リーグ4球団は直近のBSを見ると、自己資本比率は阪神が43・6％、横浜が41・4％、広島は39・

単位:百万円

	(株)広島東洋カープ
	2021年12月期
	39.1%
	118.0%
	127.7%
	86.7%
	7,080
	7,069
	14,149
	5,998
	2,613
	8,611
	5,537
	50
	5,213
	511
	5,537
	14,149

	(株)楽天野球団	(株)千葉ロッテマリーンズ	(株)北海道日本ハムファイターズ
	2021年12月期	2021年12月期	2022年12月期
	7.8%	14.0%	94.2%
	44.1%	86.0%	235.4%
	779.4%	396.8%	95.3%
	526.8%	114.8%	93.8%
	4,251	2,091	1,050
	6,664	2,635	9,160
	10,916	4,727	10,211
	9,649	2,430	446
	410	1,632	149
	10,059	4,062	596
	855	664	9,615
	100	60	200
	55	604	9,415
	72	27	483
	855	664	9,615
	10,916	4,727	10,211

【表1】10球団の賃借対照表(決算公告)

セントラル・リーグ

球団名				(株)ヤクルト球団	(株)横浜DeNA ベイスターズ	(株)阪神タイガース
決算期				2022年12月期	2021年12月期	2022年3月期
自己資本比率				20.5%	41.4%	43.6%
流動比率				113.4%	160.1%	176.9%
固定比率				71.1%	175.0%	28.0%
固定長期適合率				59.1%	87.5%	24.4%
資産	流動資産			5,065	4,029	16,463
	固定資産			864	10,600	2,294
	資産の部合計			5,930	14,629	18,757
負債	流動負債			4,468	2,516	9,306
	固定負債			246	6,056	1,238
	負債の部合計			4,714	8,572	10,544
資本	株主資本			1,215	6,057	8,180
		資本金		495	100	48
		利益剰余金		525	5,407	8,132
			(うち当期純利益)	178	132	784
	資本の部(純資産)合計			1,215	6,057	8,180
	負債・純資産合計			5,929	14,629	18,757

パシフィック・リーグ

球団名				オリックス野球クラブ(株)	福岡ソフトバンクホークス(株)	(株)西武ライオンズ
決算期				2022年3月期	2022年3月期	2021年3月期
自己資本比率				3.3%	23.6%	34.0%
流動比率				77.3%	36.1%	111.0%
固定比率				128.3%	405.1%	89.1%
固定長期適合率				63.4%	108.7%	81.4%
資産	流動資産			2,042	4,802	5,027
	固定資産			118	105,848	2,180
	繰延資産			669		
	資産の部合計			2,829	110,651	7,207
負債	流動負債			2,643	13,296	4,530
	固定負債			94	71,227	229
	負債の部合計			2,737	84,523	4,759
資本	株主資本			92	26,127	2,448
		資本金		100	100	100
		利益剰余金		-8	-6,687	2,348
			(うち当期純利益)	—		2,471
	資本の部合計(純資産)			92	26,127	2,448
	負債・純資産合計(総資産)			2,829	110,651	7,207

出所:各球団の最新の決算公告

1%、ヤクルトは20・5%。パ・リーグ6球団は日本ハムが94・2%とダントツ。次いで西武が34・0%、ソフトバンク23・6%、ロッテ14・0%、楽天7・8%、オリックス3・3%の順。一般に自己資本比率で健全性の目安とされているのは30%で、経済産業省の調査（2021年企業活動基本調査速報）では「サービス業（その他業種）」は25・9%。これを基準にすると、ヤクルト、ソフトバンクなど5球団が下回っている。

なかでもオリックスと楽天の1桁台が目立つ。オリックスは総じて資産に乏しいので自己資本比率は低いが、親会社は総合金融サービス最大手の一角。球団経営も抜かりなく、小資本でうまく運営しているはずだ。

楽天は自己資本を構成する利益剰余金が5500万円と他球団と比べて少ない。利益剰余金は利益の積み上げ分で「内部留保」とも呼ばれるが、自己資本比率の低い球団はこの数値が少ない。

日ハムの高い数値が際立っている。2019年の75・2%から2022年は19ポイント高くなっている。これは流動負債が大きく減ったことが影響しているとみられる。一般的に流動負債の大部分を占めるといわれる1年以内に返済すべき短期の融資金を返済したので、自己資本比率の計算式で分母である総資産が減少して数値が高まったと推測される。

成長投資に余念がないソフトバンク

「流動比率」は、すぐに現金化できる現金・預金などの流動資産を1年以内の返済など短期借入金の流動負債で割った比率。1年以内に予定されている支払いに対応できるだけの手元資金があるかどうかがわかる。100%を下回っている場合は資金ショートする危険があり、余裕を持って200%程度が流動比率の理想といわれる。200%を超えているのは流動負債を減らしたと前述した日ハムだけで、100%を割り込んでいる球団はパ・リーグの4球団。

ソフトバンクが36・1%と最も低い。流動負債が132億円と10球団中最高額で、短期借入金が大部分を占めていると思われる。この5年間を見ても流動負債は100億円規模で推移している。今季から四軍制を導入するなど、戦力アップに余念がない常勝軍団。親会社の信用力を背景に積極的な成長投資を仕掛けるために資金を調達していると思われる。

ソフトバンクに次いで流動比率が低い楽天も流動負債が96億円と多く、この5年間は毎年100億円規模だ。球場周辺の娯楽施設を毎年拡充しており、この施設充実費として短期借入金が増えた可能性がある。

「固定比率」は、自己資本（純資産）に対して固定資産がどの程度あるかを示す。固定資産は主に土地・建物などの不動産資産。返済義務のない自己資本とすぐに現金化する必要のない固定資産を比べ、会社の長期的な返済能力を推し測る安全性指標で、100%以下が望ましいとされる。

固定比率とセットで経営の安全性を見るのが「固定長期適合率」。固定資産を自己資本と固定負債の合計で割る。固定負債は支払期限が1年以上の負債を指す。成長のために行う先行投資（研究開発費や新規採用コストなど）や設備投資をする際の長期借入金がこれにあたる。企業は業績を上げるため、株式・社債の発行で資金調達したり銀行融資などを受けたりするが、その負債の多くが長期返済ならば、経営の安全性は当面の間担保される。固定長期適合率も固定比率と同じく理想は100%以下。

無借金経営の企業はともかく、企業は業績向上のために借金をするのが通常で、返済能力の優劣で経営の安全性がわかる。固定比率で不動産などの資産と自己資本のバランスを把握し、固定長期適合率で返済に余裕のある借金がどの程度あるかを見る。固定比率が100%以上でも、固定長期適合率が100%以下ならば、経営の安定性は確保されていると判断してよい。

これをもとにすると、2つの比率で100%以下なのは、ヤクルト、阪神、西武、日ハムの4球団。2つとも100%を超えているのはソフトバンク、楽天、ロッテの3球団。前者4球団は返済能力に優れ、後者3球団は劣後する結果になるが、なるべく借金せずに自己資金の範囲内で業務運営するのか、借金を厭《いと》わず積極経営を推進しているのかの違いと見ることもできるだろう。

いずれにしても、こうした経営分析は数値をもとにした推論であり、あくまで参考データとして判断して

【表2】健全性指標4項目における採点結果

	球団運営会社	自己資本比率	流動比率	固定比率	固定長期適合率	採点
セ・リーグ	(株)ヤクルト球団	★	★	★★	★★	6
セ・リーグ	(株)横浜DeNAベイスターズ	★★	★★	★	★	6
セ・リーグ	(株)阪神タイガース	★★	★★	★★★	★★★	10
セ・リーグ	(株)広島東洋カープ	★★	★	★	★	5
パ・リーグ	オリックス野球クラブ(株)			★	★★	3
パ・リーグ	福岡ソフトバンクホークス(株)	★				1
パ・リーグ	(株)西武ライオンズ	★★	★	★★	★	6
パ・リーグ	(株)楽天野球団					0
パ・リーグ	(株)千葉ロッテマリーンズ					0
パ・リーグ	(株)北海道日本ハムファイターズ	★★★	★★★	★★	★	9

採点基準

項目	0	★	★★	★★★
自己資本比率	20%以下	20%～	30%～	50%～
流動比率	100%以下	100%～	150%～	200%～
固定比率	200%以上	100%以上	70%～100%	50%以下
固定長期適合率	100%～	100%～80%	80%～60%	60%以下

ほしい。ちなみに、ここで判定した4つの項目について一般的な基準をもとに4段階評価を付けて採点表を作ってみた【表2】（最高は★3つ、最低はゼロ）。1位は阪神、2位が日ハム、3位にヤクルト、横浜、西武が続く。楽天とロッテは無得点。ソフトバンク、オリックスも低評価になった。チームカラーと比べて球団の財務状況は、どのように映るだろうか。

売上高トップは237億円

唯一の決算資料である決算公告を除くと頼るべき経営情報はなく、過去の報道記事などをもとに推定数値をはじき出して判断するほかない。

貸借対照表は企業が抱える資産と負債状況を探る経営情報だが、利益と損失を記した損益計算書（PL）は不可欠の財務データである。儲けの源泉である売上高を調べた【表3】。

推定値の計算根拠は次のとおり。

ソフトバンクは10球団で唯一、決算公告にPLを記

載している。また、広島は株主総会で売上高や入場料収入などを公表、それを地元紙が報道している。この2球団の情報と、球団ごとの2022年入場者数と推定の平均入場料3000円をかけて入場料を割り出した。広島の入場料収入59億3600万円を日本野球機構（NPB）が公表している同球団の入場者数196万人で割ると3028円。この数値をもとに各球団の一人当たり平均入場料金を3000円として計算した。参考までにコロナ前の入場者数との増減（率）も記載している。

また、報道各紙で伝えられる球団売上高の構成比率（入場料収入33％、スポンサー収入33％、物販収入15％、放映権収入15％、その他4％）をもとに各収入金額を割り振った。広島の場合は報道された売上高、入場料収入、物販（グッズ）収入の数値を適用し、スポンサー収入と放映権で構成比を調整した。この数値も、あくまで推定であることを念頭に見てほしい。

売上高のトップはソフトバンクで237億円（公表値）。5億円の僅差で阪神、巨人が205億円と予想どおり人気球団が上位を占めている。年間の入場者数200万人を超えているのはこの3球団で、当然の結果だ。

ワースト3はパ・リーグが独占。西武が107億円と12球団で最少。日ハム114億円、楽天118億円。上位3球団と比較すると半分だ。言うまでもなく、入場料収入は本拠地球場での主催試合が対象なので、年間試合数は交流戦を入れて71または72。グッズ販売などによるビジターゲームでの売り上げもあるが、球場ごとに細かい売り上げの配分があるといわれ、詳細は不明だ。

動員力の低さは売上高に直結

昨年（2022年）はコロナ前の2019年と比べると最低12％から最大34％強の減少を記録している。減少幅が大きいのも売上高ワースト3の球団。動員力の低さは売上高に直結することがわかる。

入場者数を見ると、人気の面で相変わらずパ・リー

単位:百万円

売上高	売上の内訳					球場命名権年間収入	主要株主(出資比率)
	入場料	スポンサー収入	物販(グッズ)	放映権	その他		
14,317	4,830	4,830	2,195	2,195	266	—	ヤクルト本社(80%)、フジ・メディアHD(20%)
15,740	5,310	5,310	2,414	2,414	293	—	ディー・エヌ・エー(97.69%)、東京放送HD(2.31%)
23,209	7,830	7,830	3,559	3,559	431	—	阪神電気鉄道(100%)
20,542	6,930	6,930	3,150	3,150	382	—	マツダ(34.2%)、松田元(20.4%)
15,696	5,936	5,108	1,873	1,045	1,735	220	読売新聞グループ本社(100%)
16,007	5,400	5,400	2,455	2,455	298	不明	中日新聞社(100%)
12,539	4,230	4,230	1,923	1,923	233	不明	オリックス(100%)
23,793	7,851	7,851	3,568	3,568	955	500	ソフトバンクグループ(100%)
10,760	3,630	3,630	1,650	1,650	200	不明	西武鉄道(100%)
11,828	3,990	3,990	1,814	1,814	220	201	楽天グループ(100%)
12,983	4,380	4,380	1,991	1,991	241	310	ロッテHD
11,471	3,870	3,870	1,759	1,759	213	500	日本ハム(74%)

❹(株)広島東洋カープは、2023年3月23日付け「中国新聞デジタル」記事から売上高、入場料収入、物販(グッズ)収入の数値を適用し、スポンサー収入と放映権で調整

❺福岡ソフトバンクホークスは、2022年3月期決算公告から売上高の数値を適用、各収入は売上高をもとに②の売上構成比率を適用

注①: ■ 部分は公表数値　注②:HDはホールディングスの略　注③:入場者数は日本野球機構

グがセ・リーグの後塵を拝している。昨季の数字とはいえ、今年3月のWBC（ワールド・ベースボール・クラシック）で大活躍した大谷やダルビッシュ、打者では吉田、負傷し曲がった小指で強行出場した源田など、パ・リーグ球団出身者が世界の舞台で羽ばたいているのに、この不人気ぶりは合点がいかない。

売上構成を見ると、入場料と同率で大きいのがスポンサー収入。この推定値では最も大きな誤差が出ている可能性がある。親会社からの直接・間接の支援がここに凝縮されていると思うからだ。

スポンサー収入の大半は本拠地球場内の広告看板などだろう。母体企業の口利きで球団の営業マンが出向いて広告を獲得する場面が目に浮かぶ。広告主にとっては、人気球団であればあるほど費用対効果は高まる道理。親会社の経済界における影響力が大きければ広告は多く集まるに違いない。

放映権も全体の15%を占める大事な収入源だが、地上波の中継は減少傾向で、ケーブルテレビなど有料のCS放送やインターネット配信といった新潮流がある。

【表3】12球団の2022年売上高（推定含む）

	球団運営会社	チーム名	入場者数(万人)	2019年	2022-2019	2019/2022
セ・リーグ	(株)ヤクルト球団	東京ヤクルトスワローズ	161	195	-34	-17.4%
	(株)横浜DeNAベイスターズ	横浜DeNAベイスターズ	177	228	-51	-22.4%
	(株)阪神タイガース	阪神タイガース	261	309	-48	-15.5%
	(株)読売巨人軍	読売ジャイアンツ	231	302	-71	-23.5%
	(株)広島東洋カープ	広島東洋カープ	196	222	-26	-11.7%
	(株)中日ドラゴンズ	中日ドラゴンズ	180	228	-48	-21.1%
パ・リーグ	オリックス野球クラブ(株)	オリックス・バファローズ	141	173	-32	-18.5%
	福岡ソフトバンクホークス(株)	福岡ソフトバンクホークス	224	265	-41	-15.5%
	(株)西武ライオンズ	埼玉西武ライオンズ	121	182	-61	-33.5%
	(株)楽天野球団	東北楽天ゴールデンイーグルス	133	182	-49	-26.9%
	(株)千葉ロッテマリーンズ	千葉ロッテマリーンズ	146	166	-20	-12.0%
	(株)北海道日本ハムファイターズ	北海道日本ハムファイターズ	129	197	-68	-34.5%

計算の根拠
❶入場料＝入場者数×3,000円
❷収入の構成比率＝「NPBの売上構成比は、入場料収入33%、スポンサー収入33%、物販収入15%、放映権収入15%、その他4%程度」（東洋経済オンライン　2023/01/07　「プロ野球NPBと独立リーグ収益源で決定的な差観客動員を増やしスポンサー頼りを抜け出せるか」の売上構成比率を適用
❸売上高は、❶で算出した入場料収入をもとに②の売上構成比率を適用して算出した各収入の合計額

Ｊリーグは配信会社ＤＡＺＮと２０１７年からの10年間で２１００億円の独占放映権を結び、一昨年はさらに２年延長して２０２８年までの12年で２２３９億円の契約を結んだ。ＮＰＢにこのような動画配信での一括契約の動きは見られない。「パ・リーグＴＶ」などがあるが、まだ大きな収入源にまで育ってはいない。球界全体の問題としてＪリーグに学ぶべきだ。

グッズ収入も放映権と並ぶメシの種。近年はインターネット販売が好調のようで、親会社のグループにネット関連企業を持つソフトバンクやネット通販大手の楽天が強みを生かしているとされる。

本拠地球場の命名権（ネーミングライツ）による収入もある。年間使用料を公表しているのは、地元の自治体と契約している広島、楽天、ロッテ、日ハムの４球団だ。

10球団が赤字経営

経営コストはどうなっているのか。この領域もまた、

単位：百万円

選手年俸総額	球団スタッフ人件費	ドラフト費用	キャンプ遠征費用	球団事務所維持費用	年間総経費(販売管理費)	売上高	売上原価	売上総利益	営業利益
4,078	1,200	600	1,800	1,000	7,600	14,317	7,731	6,586	-3,592
3,339	1,200	600	1,800	1,000	9,939	15,740	8,500	7,241	-2,698
3,151	1,200	600	1,800	1,000	7,751	23,209	12,533	10,676	2,925
4,015	1,200	600	1,800	1,000	13,615	20,542	11,093	9,449	-4,166
2,834	1,200	600	1,800	1,000	8,014	15,696	8,476	7,220	-794
2,962	1,200	600	1,800	1,000	7,562	16,007	8,644	7,363	-199
2,743	1,200	600	1,800	1,000	7,343	12,539	6,771	5,768	-1,575
6,231	1,200	600	1,800	1,000	10,831	23,793	12,848	10,945	114
3,266	1,200	600	1,800	1,000	7,862	10,760	5,810	4,950	-2,915
3,729	1,200	600	1,800	1,000	8,379	11,828	6,387	5,441	-2,938
2,656	1,200	600	1,800	1,000	7,256	12,983	7,011	5,972	-1,284
2,292	1,200	600	1,800	1,000	6,892	11,471	6,195	5,277	-1,615

推定せざるを得ない【表4】。最も大きいのが人件費、すなわち選手の年俸だ。各紙の推計によると、この10年で4度のリーグ制覇、6度の日本一に輝いているソフトバンクが62億円とダントツ。次いでセ・リーグ連覇のヤクルト、全国区人気の巨人が続く。選手のギャラに次ぐ出費は本拠地球場の使用料だ。

自前の球団でも維持費はかかるが基本的に無コスト。賃貸型、地元自治体と連携して維持・管理している折衷型の3種類に分かれる。これも推定だが、巨人のホーム球場である東京ドーム（賃貸型）は一説には50億円といわれる高額。選手の総年俸よりも多い。ドーム型球場はプロ野球の試合だけでなく、コンサートや展示会など多目的に使用されるため、球場自体が生み出す売り上げは野球専用球場に比べて多いはずだが、その分維持費も巨額なのだろう。

古い資料だが、大阪市立大学の学術誌『経済学雑誌』（2005年12月発行）に「プロ野球産業の経営分析」という論文があり、以下のような記述がある。

〈私どもが入手したパリーグの某球団の2002年の

【表4】12球団の経営コスト試算と営業利益（推定）

球団名		球場運営		
		本拠地球場	使用形態（管理者）	年間使用料
セ・リーグ	(株)ヤクルト球団	明治神宮野球場	賃貸型	1,500
	(株)横浜DeNAベイスターズ	横浜スタジアム	折衷型	2,000
	(株)阪神タイガース	阪神甲子園球場	自前型	—
	(株)読売巨人軍	東京ドーム	賃貸型	5,000
	(株)広島東洋カープ	MAZDA Zoom-Zoom スタジアム広島	折衷型（広島市）	580
	(株)中日ドラゴンズ	バンテリンドーム ナゴヤ	自前型	—
パ・リーグ	オリックス野球クラブ(株)	京セラドーム大阪	自前型	—
	福岡ソフトバンクホークス(株)	福岡PayPayドーム	自前型	—
	(株)西武ライオンズ	ベルーナドーム	自前型	—
	(株)楽天野球団	楽天モバイルパーク宮城	折衷型（宮城県）	50
	(株)千葉ロッテマリーンズ	ZOZOマリンスタジアム	折衷型（千葉市）	不明
	(株)北海道日本ハムファイターズ	エスコンフィールドHOKKAIDO	自前型	—

注①：球場の年間使用料、命名権年間使用料は推定含む
注②：選手年俸は2023年。「週刊ベースボールオンライン」2023年1月27日付「2023年プロ野球12球団 総年俸&マネー事情」を参照
注③：球団スタッフ人件費から球団事務所維持費用までの4項目は「プロ野球産業の経営分析」（2005年　経済学雑誌）を参考にした
注④：売上原価はホークスのBSに記載の営業利益を参考に売上原価率を54%として計算した

費用を参考までにあげておくと、選手年棒が約30億円、新入団選手獲得費用が約5億円、監督・コーチ・球団スタッフの人件費が約10億円、キャンプ遠征費用が約15億円、球団事務所維持費用と雑費用が約8億円で、合計68億円となっている〉

これをもとに年間の総経費を物価上昇分を2割増しとして計算し、本業で稼いだ利益である営業利益（売上総利益—販売管理費）を求める。

販売管理費は球団の年間総経費を充てる。売上総利益（売上高—売上原価）は、仕入れ値である売上原価を求めるため、ソフトバンクの売上原価率を適用。「営業利益1億1000万円」をもとに推定すると54％になった。これを11球団に適用して営業利益をはじいた。その結果、営業利益ベースでの黒字球団は阪神の29億円とソフトバンクの1億円（実際は1・1億円）。

なお、各種マスコミなどではBSの「純資産」に記載された利益剰余金に含まれる「当期純利益（純損失）」で球団経営の業績を判断している例が多く見られるが、これは必ずしも正しくない。BSの純利益

（純損失）は過去から積み上がった利益（損失）の累計で、1年間の企業活動による成果を示すものではないからだ。球団経営の実態をより正しく見るためには、PLの当期純利益（損失）を見るべきである。

望まれる球団経営情報の積極開示

経営の健全性を判断する各種指標での採点表と推定値による球団経営の実態を営業利益で見比べてみる。

営業利益トップの阪神が健全性指標でも10球団中最高得点を挙げ、同2位のソフトバンクは健全性指標では7位の低評価。阪神は指標の結果が経営実態を裏付け、ソフトバンクは指標があくまで参考値にすぎないことを示している。

残る10球団は営業利益ベースで赤字を記録した。巨人は41億円と最高だが、東京ドーム使用料（推定50億円）が大きく影響している。これがなければ逆に8億円の営業黒字。

スポーツ事業はチームが強くなければ経営は厳しい。強ければ観客は増え、グッズも売れる。テレビ中継が増えて放映権収入も伸びる。その分、選手のギャラなどコストもかさむが、そこはまさに経営手腕である。

大方のプロ野球ファンは、球団経営の実態に無頓着だろうが、2004年の再編危機を思い出すがよい。一部チームの親会社の財務状況悪化による合併騒動で2リーグ制の消滅が浮上したのである。

3度のメシの次に好きなプロ野球は、生涯見続けたい。そのためにも、Jリーグを見習って全球団が一定の基準で経営情報を公開して緊張感のある球団経営を行い、スポーツ娯楽の絶対王者の地位を堅持してほしいと願うばかりである。

MLBビジネス最前線

エンゼルスはなぜ大谷翔平に40億円もの年俸を支払えるのか？

MLBでは今季からユニホームに広告を入れることを「解禁」（矢印）。エンゼルスは建築資材を扱う「FBM」という地元企業と3年契約を結んだ

NPB1位 巨人の「年俸総額」とほぼ同じ

大谷翔平の今季の年俸が40億円と聞いて、ぶっ飛んだ人も多いのではないか。ちなみに、NPB上位の「年俸総額」を誇る読売ジャイアンツがおよそ40億円。この年俸格差こそが、日本人選手メジャー「流出」の最大の要因といわれる。スポーツビジネスに詳しい著者がMLBビジネスの「儲けのカラクリ」を解説。

取材・文＝岡田 功
（大阪成蹊大学経営学部教授）

二刀流を武器に大リーグで活躍を続ける大谷翔平（ロサンゼルス・エンゼルス）は2023年シーズン、日本人選手の最高額となる3000万ドル（約40億円。1ドル＝134円で換算、以下同）の年俸を手にしている。彼が日本球界で得ていた年俸（2017年の日本ハム時代は2億7000万円）の15倍もの金額である。今オフにはフリーエージェント（FA）資格を得るため、大谷の来期の契約は前人未到の総額5億ドル（約670億円）超とも6億ドル（約800億円）超とも噂される。

なぜ、大リーグはそのような破格の年俸を大谷に支払えるのだろうか？

その答えは、「大リーグがケタ違いの収入を得ているから」のひと言に尽きる。

総収入は1兆4500億円

日本人大リーガーの先駆け、野茂英雄が太平洋を渡った1995年、日本のプロ野球と大リーグの市場規模はほぼ同じ1400億円程度だったことをご存じだろうか。プロ野球の収入はその後、横ばいが続いたが、大リーグは急カーブを描いて成長し、10年あまりが経過した2007年にはその差が4倍に開いた。

ITメディアによると、コロナ禍前の2018年のプロ野球の市場規模は約1800億円。一方、米経済誌フォーブス電子版によると大リーグの直近（2022年）の総収入は過去最高の108億～109億ドル（約1兆4500億～1兆4600億円）に達したという。コロナ禍で収入が減少したと予想されるプロ野球とは対照的で、両者の差はすでに8倍以上に開いている。

実は大リーグ球団も、プロ野球球団も、基本的なビジネスの仕組みは変わらない。リーグ戦の試合数は大リーグの場合、ホームゲームが81試合なのに対してプロ野球は同71～72試合にとどまり、単純に比較するには酷なように思えるが、そもそもリーグ戦のシーズン期間はまったく同じで、毎週月曜を移動日として試合を開催しないプロ野球側の選択の問題に過ぎない。

ビジネスに関わるフロント職員の人数も、日米でさほど違いがない。ということは、ビジネス部門の労働生産性が、プロ野球は大リーグの8分の1に過ぎないということになる。

「シーズンチケット」という錬金術

では、大リーグは実際にどのようなビジネスを展開しているのだろうか。

収入の大きな柱のひとつはチケット販売である。大リーグのチケットは、20ドル（約2700円）未満の立ち見席や外野席後方の長椅子席から、数百ドルもするプレミアムシートまで、少なくても20種類以上の券種に細かく分かれているのが特徴である。観戦条件のよい、価格の高いチケットは富裕層に、安い価格のチケットは出費を抑えたい家族連れなどに――ファンの懐具合に合わせた観戦の仕方をバラエティに富んだ券種が可能にする。

NFL（アメリカンフットボール）、NBA（バスケットボール）といった北米4大スポーツリーグのなかで、平均のチケット価格が最も安い。細かな券種区分を実現するために、スタジアムの観客席の造りも、多くの区画に分かれているのも特徴である。

チケット販売の軸となるのがホームゲームの全試合を同じ座席で観戦できる「シーズンチケット」である。私自身がかつて取材したボストン・レッドソックスは全座席の55％（2007年当時）を、サンフランシスコ・ジャイアンツは65％（2010年当時）をシーズンチケットに割り当てていた。シーズンチケット保有者にはプレーオフやオールスターゲームなどの特別な試合のチケット購入権が付与されているのが一般的だ。同じ座席区分でも、1試合ごとにバラ売りされるシングルチケットと比べて、シーズンチケットは20％程度のディスカウント価格で販売されている。

シーズンチケットの購入費用は1席当たり安く見積もっても数十万円、バックネット裏の好条件の座席になると軽く100万円を超す。いくら熱心なファンでも、ホームゲーム81試合すべてを観戦する人は多くない。そこでシーズンチケット保有者のチケットが無駄にならないように、観戦できない試合日のチケットを転売できる仕組みも整えられている。

シーズンチケットのお陰でシーズン開始前の時点ですでに座席の半数以上が完売し、しかもシーズンチケット保有者はその多くが長期にわたってリピーターとなり続けるのだから、球団経営の安定に大きく寄与していると言えるだろう。

また、試合日程や市況、天候、リーグ内の順位などをもとに需要予測によって毎日価格が上下する「ダイナミックプライシング」と呼ばれる仕組みをスポーツ界でいち早く導入したのも大リーグである。近年では日本のJリーグやプロ野球でも一部のクラブ・球団が同様の制度を導入しているが、実は根本的な発想と仕組みが大きく異なる。人工知能（AI）を導入し、入場料収入と観客数の最大化を狙う〝日本版ダイナミックプライシング〟に対して、大リーグではシーズンチケットの販売比率を高め、チケットの早期購入を促すことに主眼が置かれている。だから大リーグのダイナミックプライシングでは、シーズンがどれほど進もうが、売り出し価格よりも安くなることは絶対にない。

それどころか、シーズンが進むにつれて基本的に価格が高くなるように制度設計されている。つまり、最も割安な価格でチケットを購入しようと思えば、ディスカウントされているシーズンチケットを購入したほうがいいということになる。シーズンチケットを購入する〝うまみ〟と〝理由〟をファンにきちんと伝える仕組みとなっているのだ。

本格的な食事やエンターテインメントを組み合わせた付加価値の高いホスピタリティサービスも充実しており、近年建設された新球場では一般座席の数を減らす一方で、プレミアムシートやスイートルームを増設する傾向が鮮明になっている。

増え続ける「放映権収入」

一方、テレビ局などに試合の中継権を販売する放映権収入のウエートが年々高まっていることも特徴である。前述のフォーブス電子版によると、2022年の総収入のうち放映権料が占める割合は計38％にのぼり、収入に占める比率が最も高かった。地上波による試合中継の数がめっきり減ってしまった日本のプロ野球からすれば、うらやましい限りだろう。

大リーグの放映権は、全米のどこでも視聴が可能なFOXなどの全米ネットワーク局と、視聴エリアが限定されるローカル局との契約に大別できる。

前者はリーグが契約主体となり、地上波FOX、スポーツ専門チャンネルESPN、ワーナー・ブラザーズ・ディスカバリー傘下のTBSと契約している。得られた放映権料はいったんMLB（大リーグ機構）に入り、一定額が差し引かれたあと、残りの額を加盟30球団で均等に分配する仕組みとなっている。日本をはじめ海外メディアが支払う放映権料も同様の扱いである。

MLB今季最高年俸はシャーザー（メッツ）の4333万ドル（約58億円）

それに対して、視聴エリアが限定される地域ケーブルテレビ局との放映権契約は、球団が独自で締結することが許されている。つまり、ローカル局が支払う放映権料は全額、球団の収入となるわけだ。このローカル局の放映権料の総額は全米ネットワーク局の総額よりも多い。

また、ヤンキース、レッドソックス、メッツ、カブス、ジャイアンツなどの裕福な球団は、地域ケーブルテレビ局を自ら設立・保有し運営している。自前のメディアをグループ企業内に抱えているわけだ。

国土が広く、多チャンネル化がいち早く進んだ米国では、ケーブルテレビや衛星放送が発達しており、有料でテレビを視聴することが当たり前となっている。

このことが放映権料の高騰を後押しする。

また、近年ではインターネットを通した動画配信も新たな収入源に加わった。大リーグの場合は自ら公式動画配信サービス「MLB・TV」を運営し、さらなる収入を得ている。

スポンサーシップも、米国の好景気を背景に着実に拡大している。とくに高額の契約で知られる球場の命名権料も、大リーグでは桁外れに金額が大きい。球場の命名権は20年以上の長期契約が一般的で、2009年に完成したニューヨーク・メッツの本拠地シティフィールドでは、20年総額4億ドル（約540億円）もの巨額契約となった。

1球団当たりのスポンサー企業の数だけを見れば、実は大リーグの球団よりもプロ野球の球団のほうがかなり多い。しかし当然ながら、1社当たりの契約金額はケタ違いである。外野フェンスに掲示される看板広告の場合、大リーグではどんなに小さいものでも年間1万ドル（約1億3000万円）を下回ることはまずない。

日米「広告戦略」の決定的違い

これは、スポンサーシップの販売方法の違いに起因する。プラチナパートナー、ゴールドパートナー、シルバーパートナー……と、まるでうな重や寿司のように、「松竹梅」のプランを提示して販売する日本型のスポンサーシップは、〝既製品〟型と言えよう。金額も契約内容も、金太郎飴のようにどの球団も似通っている。

これに対して、大リーグを含む欧米のトップリーグのスポンサーシップ販売は〝オーダーメイド〟である。スポンサー企業のニーズを汲み取りながら、露出方法と契約内容を球団職員とスポンサー企業が一緒になって練り上げていく。だから契約締結までには時間を要するが、スポンサー企業の満足度も高く、1件当たりの契約金額はおのずと高くなる。

欧米のトップクラブでパートナーシップのセールスに携わる知人は次のように語っていた。

「アメリカ人のスポンサー部署の上司から口酸っぱく言われるのは、こちらから（契約内容を）提案するのではなく、企業のみなさんから提案、リクエストしてもらうことに努めなさい、ということだ」

「誤解を恐れずに言えば、日本企業は代理店任せのことが多く、スポンサー企業も受け身なことが多い。米国のスポンサー企業の場合は、契約に際してスポンサーシップという枠組みを使って実現したい目的を明確に持っている場合がほとんどである」

球場の命名権やコーポレート・スイートルーム、外野フェンスなどに並ぶ看板広告、試合やイベントで配布される販促グッズ……。ありとあらゆるシーンで露出するスポンサーの存在だが、大リーグがスポンサー企業の広告を排除してきた「聖域」が存在する。それはユニホームである。欧州サッカーやNBA、レーシングカーなどの他リーグ・他競技とは一線を画しており、ユニホームへの掲示が許されてきたのは都市名かチーム名、またはチームのロゴのみ。

しかし、2023年シーズンにこの聖域に風穴があいた。ユニホームに企業・ブランドの広告掲示を認める方針に舵を切ったのである。メディア価値を勘案すると、この方針転換は、大きなインパクトを持つ新たな収入源を大リーグに与えることを約束する。2023年シーズン以降も引き続き、収入額が過去最高を更新し続けることは確実である。

サッカー、自動車レースにも資本投下

球場で販売される飲食物の売り上げや、グッズ販売も貴重な収入源である。ただ、グッズ販売の場合、球場内のショップの売り上げは全額球団に入るものの、市内の土産物店、インターネット、海外でのグッズの売り上げは全額MLBに吸い上げられ、その後、一定額を30球団で均等に分け合う仕組みになっている。全米ネットワークの放映権料の扱いと同じである。

そのほか、野球興行以外の事業を積極的に手掛ける球団も少なくない。

前述した地域ケーブルテレビ局の運営のほかにも、

球場内の各所を巡るスタジアムツアーを催行したり、アウェーの試合観戦を中心に選手との交流会を組み合わせた観戦ツアーを催行したり、試合のない日に結婚式やイベントの会場として球場を貸し出したり――。知恵を湧かせながらのビジネスを展開している。

レッドソックスの場合は、カーレースNASCARの名門チームを買収し、英プレミアリーグの名門リバプールFCもグループ企業に取り込んだ。相乗効果を狙ったビジネス拡大を視野に入れている。

米南部ジョージア州に本拠地を置くブレーブスは、2017年にオープンした新球場建設に合わせて、「バッテリー・アトランタ」と名付けた街づくりも手掛けた。球場を取り囲む広大な敷地に、4億ドル（約540億円）を投じて、レストランや小売店が立ち並ぶ3万5000平方メートルの巨大なショッピングモールのほか、600室の分譲マンション、4000人収容のコンサートホールや映画館、五つ星ホテル、オフィスビルなどを建設。最終的には7000人が居住する街になるという。

街の開発を担うデベロッパーへ

プロ野球の興行にとどまらず、街の開発を担うデベロッパーへ――この〝進化〟は至極当然のことと言える。プロスポーツリーグのなかで試合数が最も多い大リーグでさえ、1年365日のうちホームゲームは81試合しかない。ということは1年のうち284日、8割近い日は、球場が収入を生み出さない〝遊んでいる〟状態である。球場周辺に日銭を稼げる仕掛けをつくれば、ビジネスはさらに拡大する。デベロッパーとしての役割を担う球団は今後、次々に現れるに違いない。

とはいえ、大リーグの経営に課題がないわけではない。

市場規模の拡大に伴って、大リーガーの平均年俸は増え続け、2022年は過去最高の平均422万ドル（5億6600万円）に達した。

大リーグでは、設定された年俸総額の上限を超えた場合にペナルティが発生する「戦力バランス税（日本では「ぜいたく税」とも表記される）」を導入している。上位・下位リーグとの入れ替え戦がない大リーグでは、リーグ戦の早い段階で早々と優勝チームが決まってしまうと、あとは消化試合になってしまう。チームが強すぎても、弱すぎても、集客が落ちてしまうというジレンマを抱えているのだ。そこで戦力と収入の均衡を図る目的で導入されたのがこの仕組みで、年俸総額の上限を超えた裕福な球団に対して課税し、課税額は年俸総額の低い貧乏球団に再配分される。年俸総額に超えてはならない上限を設けているＮＦＬやＮＢＡのサラリーキャップ制度に比べると、緩やかな規制と言える。

このような努力を続けていても、近年、球団間の経済格差がますます拡大しているのもまた事実である。

ピッチクロック導入の意味

世界的な「野球離れ」も深刻な問題である。大リーグでは、収入面はコロナ禍から急回復を遂げたものの、２０２２年の観客数はコロナ禍前の２０１９年比で６％減少した。

野球はサッカーやバスケットボールなどの他競技と比べてプレーの合間の時間が長く、間延びするとの指摘が常々あった。そこで大リーグが２０２３年シーズンに新たに導入したのが、投球時間に制限を課し試合時間の短縮を目指す「ピッチクロック」と呼ばれる新ルールである。投手は、走者がいない場合には15秒以内に、いる場合でも20秒以内に投球しなければならない。また、打者も残り8秒となるまでに打席に入らなければならないというもの。オープン戦で導入され、1試合平均で試合時間が26分間短縮したという。球場に詰めかけた観客だけでなく、放映権料に影響するテレビの向こうの視聴者もつなぎとめようという狙いである。

果たして野球人気の復活につながるか。今後の注目ポイントである。

SB王会長が「あと4つ球団が誕生してほしい」と発言
「16球団構想」は実現可能か？
日本版「エクスパンション」の現在地

福岡の民放テレビ局での王貞治会長の発言が波紋を呼んでいる。「できるなら16チームに」――。発言の理由のひとつがCSを勝ち上がって日本一となったソフトバンクへの批判だった。“中途半端”なCSを打開するための16球団構想。その可能性と現状を取材した。

取材・文＝鵜飼克郎（ジャーナリスト）

２０２０年1月、ソフトバンクホークスの王貞治会長が、福岡の民放テレビの番組内で「できるものなら16（チーム）に。あと4つ球団が誕生してほしい」と発言したことで注目を集めたエクスパンション（球団拡張）だが、その後の動きは滞ったままだ。

当時、王会長にその真意を問うたところ、こんな答えが返ってきた。

「アマチュア選手の受け皿が多いほうが野球界は発展する。そのためにはチーム数を増やすべきです。プロ球団だから採算のことはあるが、地方にはプロ球団を持ちたい企業のオーナーも少なくない。ＮＰＢ（日本野球機構）は、そういう人たちの意見を汲み上げるような行動を起こすべきです。もちろん条件が揃っているかを精査する必要はあるが、プロ球団を持ちたい人たちに門戸を広げる意思を示すべきだと思う」

12球団しかないからCSが中途半端

現状の12球団から4球団増やして16球団制にする理由について、王会長は２０１８年と２０１９年にリーグ2位で参戦したクライマックス・シリーズ（ＣＳ）を勝ち上がって日本一になったソフトバンクへの批判の声を例に挙げた。

「2リーグで12球団しかないから今のＣＳのように中途半端な戦いとなる。16球団にして4チームを4地区に配置すれば、いろんなパターンが考えられるようになる。4地区の優勝チームが戦うチャンピオンシリーズでもいいし、2リーグを東西に分けてリーグ決定戦に勝ち上がったチームが従来の日本シリーズとして戦ってもいい。今は敗者復活から頂点に立つようなルールにしているから好意的に受け取られない。12から16チームに増やせば、あれこれ言われない」

王会長は、独立リーグとして実績のある地域は野球ファンも多いとして、北信越、静岡、四国、沖縄という具体的な地名まで挙げていた。

メジャーの場合、長らく16チームのままだったが、エクスパンションが１９６１年に始まり、１９９８年には現在の30チームとなった。当初は移動手段が鉄道しかなかったものの、飛行機を利用できるようになったことで拡大した背景もある。日本でもパ・リーグは飛行機を利用して札幌と福岡、あるいは仙台に移動している。

「選手はしんどくなるけど、球団が増えると、今の交流戦のような形も含めて、いろんな組み合わせができるようにもなる。チームは多いほうがいい。将来はプロ野球選手に、と思っている子どもたちも、高校や大学でやっているような人にとっても、受け皿はあったほうが絶対にいい。若い人を育ててくれている指導者も、自分の教え子がプロの世界に入ってくれるとうれしい。指導にも熱が入るだろうからね」（王会長）

「琉球ブルーオーシャンズ」の受難

だが、現実は王会長が思い描いたようにはいかなかった。2019年末から世界的に流行した新型コロナウイルス感染症という「壁」が、大きく立ちはだかる。

当時、王会長が最も期待をかけていたのが、2019年7月に設立した琉球ブルーオーシャンズ（沖縄県那覇市）だった。GMに田尾安志氏、監督にロッテでエースとして活躍した清水直行氏を迎え、独立リーグには所属せず、将来NPBが参入枠を拡大した場合に加盟することを目標に置いていたチームだ。王会長の発言直後の2020年1月から活動を開始し、NPBのファーム（三軍を含む）や独立リーグ、台湾のチームとの交流戦を行いながらNPBへの新規参入を目指していた。

しかし、新型コロナウイルスの感染拡大によって予定していた興行試合を開催することができなくなり、毎年赤字を計上。資金繰りがうまくいかず、選手への給料の減額や未払いが続き、次々と選手が自由契約になるなか、2022年11月に事業を停止、2023年3月31日に自己破産を申請したことで、沖縄案は白紙となった。

独立リーグに所属するチームが元プロ野球選手を獲得し、戦力を充実させながらNPBのエクスパンションを待つパターンが多いなか、新球団の設立に動いた

独立リーグには所属せず、NPBへの新規参入を目指すも……

地域もある。北信越の新潟だ。王会長の発言を受け、２０２０年８月には新潟県野球協議会が新潟市長にＮＰＢ球団誘致への協力を求める要望書を提出。翌２０２１年６月には新潟に球団誕生と多目的ドームの建設を目指す「日本海ドームシティプロジェクト」の設立総会が開催されている。

「球団に関しては既存球団の移転誘致ではなく、16球団構想に則った新球団の設立を目指しているといいますが、現時点ではドームの予定地などについても確定していません。プロジェクトが設立されたものの、コロナ禍でほとんど進展していない」（地元紙記者）

新潟のケースですら、プロジェクトの実現には10年近くかかる見込みだという。

観客動員、スタジアム、スポンサーの壁

プロ野球16球団構想は果たして実現するのか。

「王会長が提案した北信越、静岡、四国、沖縄というのは、野球空白区としては悪くない」と語るのはスポーツ紙デスクだ。

「四国には日本初の独立リーグ、四国アイランドリー

グがあるし、北信越にも新潟、長野、群馬、富山、石川、福井などが参加するベースボール・チャレンジ・リーグ（通称、ルートインBCリーグ）がある。静岡、沖縄も野球の盛んな地域です。問題は3万人以上の観客動員数や雨天練習場を備えた本拠地球場と、スポンサー。新潟のようにドーム球場新設の動きもある一方、候補地にはナイター設備も完備したプロの試合が開催される球場がすでに存在します。たとえば沖縄には巨人がキャンプをしている『沖縄セルラースタジアム那覇』、新潟には新潟アルビレックスが本拠地にしている『HARD OFF ECOスタジアム新潟』、静岡には『県営草薙球場』、四国には松山に『坊っちゃんスタジアム』など。県や市に協力を要請し既成球場を改修すれば、本拠地スタジアムを構えることが可能となる。

スポンサーもいくつか候補があります。四国では香川に『セシール』、愛媛には『ユニ・チャーム』『日本食研』『大王製紙』がある。静岡には『ヤマハ』『はごろもフーズ』、新潟には『雪国まいたけ』『亀田製菓』『サトウ食品』『コメリ』『ブルボン』などの企業がある。沖縄は『オリオンビール』くらいしか思い浮かばないかもしれませんが、米軍基地がありますから、ルールを変えれば海外資本、あるいはカジノをつくってそこから資金を得ることも可能でしょう。

そもそも、北海道の日本ハム、福岡のソフトバンク、千葉のロッテのように地元企業にこだわる必要はないんです。『トヨタ』『サントリー』『佐川急便』などの、これまで球団を持つと囁かれてきた日本を代表する大企業にスポンサーになってもらえば、資金繰りは解決するはずです」

セ・リーグの人気球団の元球団社長は「対戦カードが増えるため、球団数は多いほうが面白い」と王会長の発言に賛同する。

「現状のセ・パに新規参加チームを加えて16チームを2リーグに分け、それをさらに東地区と西地区にする。あるいは移動問題を解消するために新規で東西の2リーグに分けて、さらに東リーグA地区とB地区、西リーグA地区とB地区に分ける。いずれにしても4チームを4地区に分け、8チームがリーグを中心に戦い、現在と同程度の交流戦も行う。こうすれば人気球団との対戦カードも確保できる。そして、セ・リーグあるいは東リーグA地区とB地区、パ・リーグあるいは西リーグA地区とB地区でそれぞれ優勝チームを出す。リーグチャンピオンを決めたあと、今のセ・パのように頂上決戦として『日本シリーズ』で日本一を決める。これが現実的かもしれない」

この元球団社長は「問題は選手の確保」だと言う。1球団70人枠として、4球団で280人もの選手が必要となるためだ。

「12球団の協力がないとできないが、50人枠にするなどで可能なのではないか。あとは前年の成績下位から順番に指名できる完全ウェーバー制を導入すればいい。完全ウェーバー制では〝意中の球団から外れた選手が、入団拒否する確率が増す〟などの指摘もあるが、FA権取得までの期間を大幅に短縮するといった改革をすればいい」（元球団社長）

プロ野球の球団数が増えることは、子どもたちの進路にも好影響を与える。甲子園を目指して野球に打ち込んできた高校球児たちは、数パーセントしかプロに進むことができない。大学や社会人、あるいは独立リーグを経てプロ入りする者もいることはいるが、多くの高校球児は別の道に進むというシビアな現実があるなか、球団数が増えればそれだけチャンスが増えるということになる。

稼げるビジネスモデルを確立できるか

もっとも、球団経営は簡単ではない。新たにNPBに参入するには金銭面で高い壁があるためだ。加盟料（保証金含む）として30億円をNPBに支払わなければならない。

「新球団をつくるには加盟料のほかに、球場の使用料や改修費、選手年俸など最低でも100億〜200億円はかかる。いい選手を集めるとなれば、さらに数十億円単位で資金が必要となり、少なくとも10年間は赤字覚悟でやるしかないでしょう。オリックスのように『企業名が世の中で認知されればいい』と赤字覚悟の

企業があればいいですが、日本経済の発展や野球ファンの掘り起こしということだけではできない投資額です」(連盟担当記者)

大手広告代理店のプロ野球担当者は、現状の日本球界のシステムではエクスパンションは難しいという考えだ。

「黒字経営とはっきり言えるのは巨人と阪神ぐらい。なにしろ収支決算をほとんどの球団が明らかにしておらず、不透明な一面を持っている業界です。多少の改善はされたものの、多くの球団が赤字決算で、それを親会社との連結決算で広告費として補填している現状があるなか、少なくとも赤字の企業をあと4つつくることに何の意味があるのかということになる。NPBが、プロ野球を『自分たちだけで儲けることができるビジネスモデル』へとシフトしない限りは、赤字を地方に持っていくだけ」

このように指摘するとともに、「メジャーのように投資家がファンドにして買収できるように野球協約を改正する必要がある」と語った。

もうひとつの重要な数字として、プロ野球ファンの人口がある。2022年10月の三菱UFJリサーチ&コンサルティングとマクロミルによる共同調査では、プロ野球ファンの総数が2099万人。最多とされるのは阪神の404万人で、巨人の373万人、広島214万人が続く。

「プロ野球ファンは10年間で3448万人から2099万人と1349万人も減少しています。集客を球団経営の柱としているプロ野球では観客動員の採算ラインは年間150万人で、これだけ集めないとペイできない。果たして新潟や四国、沖縄で集客できるのでしょうか。赤字覚悟で球団を持つ以外に実現しないのでは」(大手広告代理店のプロ野球担当者)

独立リーグまで人材が回ってこない

独立リーグの監督経験もある元プロ野球選手は「独立リーグなどで球団経営がうまくいかないのは、地元の財界とNPBのバックアップがないため」だと言う。

「国が方針を出し、県知事なども巻き込んでやれば、地元の財界の協力ももらえるのではないか。あとは選手の給料を抑える方法を考えること。そのためにはFAなどの制度見直しも必要だし、複数年契約も給料の高騰を招いている。あとは選手の確保。とにかく選手はNPBが根こそぎ持っていくので、独立リーグには人材が回ってこない。プロに通用するのはリーグに1人か2人。ファンを集めての野球ができなかった。どこまで既成球団から選手が分配されるかわからないが、外国人選手の数の規制を緩めるとかの方針を出すなど特例を認めながらスタートさせるしかない。莫大な資金力をバックにしながらも新規参入した楽天がリーグ優勝するのに9年もかかった」

王会長も「球団数を増やすことは簡単ではない」と認めている。

「僕はお金のことは考えていないが、そこは経済や経営の専門家に任せればいい。野球をやりたいと思っている人はたくさんいるわけです。ノンプロが減ったから独立リーグでやり、ソフトバンクのように三軍があると給料が安くても上を目指して野球ができる。

そうやって選手を（三軍で）育成していると、千賀（滉大）や甲斐（拓也）、周東（佑京）といった自分の夢をかなえて一軍で活躍する選手が出てくる。牧原（大成）も石川（柊太）もそうだからね。千賀も甲斐も年俸が億を超えている。このように裾野を広げれば若い人の夢もかなうし、球界にとっても新たな人材が出てくる」

◆球団別プロ野球ファン人口推計

球団	ファン人口
阪神タイガース	404万人
読売ジャイアンツ	373万人
広島東洋カープ	214万人
福岡ソフトバンクホークス	208万人
北海道日本ハムファイターズ	194万人
プロ野球ファン総数	2099万人

(注)推計値は15〜69歳のファン人口。年齢階層別のファン率×年齢階層別人口を算出し合算。年齢階層別人口には、総務省「住民基本台帳に基づく人口」(令和 4年1月1日現在)を利用。ファンの多い上位5チームを抜粋。
出典：三菱UFJリサーチ＆コンサルティングとマクロミルの共同調査より

二軍戦のみ参加でも「狭き門」

王会長が「できるなら16球団」と言及したことでNPBが動いたのが、二軍リーグ戦のみに参加する新球団公募だといわれている。

今年の4月17日に非公開で1回目の説明会が行われたが、NPB事務局は「あくまでも目標は裾野の拡大。エクスパンションではない」として、将来的な16球団制を見据えたものではないことを強調している。

「説明会には独立リーグを中心に複数の企業や団体が参加しました。一軍に新規加入すれば加盟料（保証金含む）が30億円必要となりますが、今回は二軍戦限定の参加ということで数千万円程度。5年後には保証金が返金されます」（連盟担当記者）

5月22日に2回目の説明会が行われる。1次、2次審査を通過し、オーナー会議で承認されれば、2024年もしくは2025年シーズンから参加できるというが、NPBの二軍球団でありながらシーズン中の一軍への道は1チームから年間1人、それも元NPB選手と外国人選手に限られるなど、かなりの「狭き門」となっている。

「12球団はドラフトの抜け道として利用されるのを警戒しているのです。そのため、新規球団に所属できるのは元NPB選手、外国人選手、それにプロ志望届を提出しながらドラフトで指名されなかった選手に限定されている。ドラフトで指名されなかった選手がNPB球団に移籍するためには、ドラフト指名が条件になっています」（同前）

ほかにも「12球団のフランチャイズ以外の府県に本拠地球場」「雨天時も練習可能な屋内練習場の確保」「寮の完備」など、高いハードルをいくつも設置している。二軍戦のみに参加できる2球団を公募するだけでもNPBの既成12球団の思惑が見え隠れする。この先も16球団制への道は狭くて険しいものになることが予想される。

数十万の登録者数を誇るチャンネルの一方で……

プロ野球OBユーチューバー「レジェンド」たちの悪戦苦闘

エモヤン、福本豊が激白!

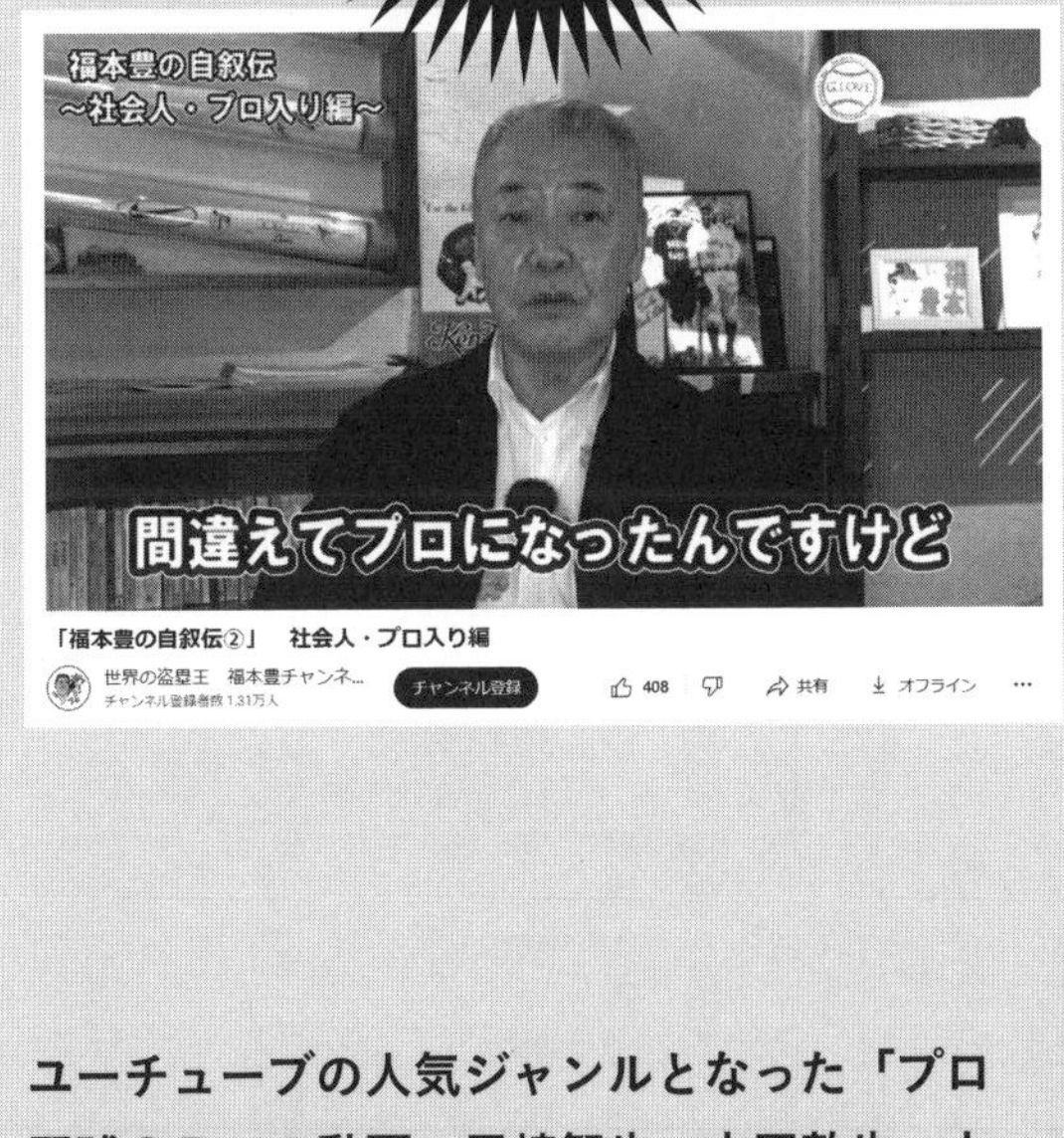

ユーチューブの人気ジャンルとなった「プロ野球ＯＢ」の動画。里崎智也、古田敦也、上原浩治らのチャンネル登録者数は50万人を超える。その一方で、“レジェンド”と呼ばれる昭和期に活躍した元選手たちは苦戦を強いられている。天国と地獄の分かれ道は何なのか。悪戦苦闘する当人たちを直撃した。

取材・文＝鵜飼克郎（ジャーナリスト）

プロ野球評論家の里崎智也氏は著書『YouTube「里崎チャンネル」はなぜ当たったのか』（徳間書店）の中で、2019年3月にスタートさせたユーチューブで1億円プレーヤーになった裏話を綴《つづ》っている。

引退後、第二のキャリアとしてユーチューブの世界に進出するプロ野球OBが増えている。チャンネル登録者数62万人超（5月初旬現在、以下同）を誇る「Satozaki Channel」を運営する里崎智也氏は元プロ野球選手ユーチューバーの先駆けであり、成功した一人である。

里崎氏はじめプロ野球OBのユーチューブにはチャンネル登録者数が数十万規模のものが少なくない。代表的なものは、「上原浩治の雑談魂」（上原浩治＝65・1万人）、「フルタの方程式」（古田敦也＝60・4万人）、「清ちゃんスポーツ」（清原和博＝51・2万人）、「落合博満のオレ流チャンネル」（落合博満＝46・1万人）、「デーブ大久保チャンネル」（デーブ大久保＝35・9万人）、「藤川球児の真向勝負」（藤川球児＝34万人）、「BASEBALL CHANNEL By 高木豊」（高木豊＝39・2万人）、「片岡篤史チャンネル」（片岡篤史＝28・6万人）といったところだ。

エモヤンが分析する「敗因」

2023年のプロ野球開幕前に開催された第5回WBC。2009年以来、3大会ぶり3度目の世界一に輝いた侍ジャパン。日本中が歓喜で沸き立ち、テレビ中継は軒並み視聴率40%を超えた。ニュースやワイドショーで繰り返し報道され、元メジャーリーガーや元日本代表だった評論家が引っ張りだこだったが、解説に登場した里崎氏や古田氏のユーチューブは野球人気に後押しされてチャンネル登録者数が大幅にアップしたという。

その一方で、同じプロ野球OBでもチャンネル登録者数や再生回数が伸び悩み、淘汰されていく元プロ野球選手ユーチューバーも少なくない。

なかでも現役時代に実績を残し、引退後も人気評論家として活躍。そのうえ内容も面白いのにチャンネル登録者数が伸び悩んでいるユーチューブもある。なぜ伸び悩むのか。当事者たちに聞いてみた。

辛口評論家として知られ、サンケイスポーツやフジテレビの評論家として人気がある江本孟紀氏。野球関連の出版物も多く、ベストセラーも少なくない。江本氏のユーチューブは「エモやんの、人生ふら〜りツマミグイ」。登録者数はおよそ2・7万人だ。

◆プロ野球OBの主なYouTubeチャンネル

選手名	チャンネル名	登録者数
上原浩治	上原浩治の雑談魂	65万1000
里崎智也	Satozaki Channel	62 万6000
古田敦也	フルタの方程式	60万4000
清原和博	清ちゃんスポーツ	51万2000
落合博満	落合博満のオレ流チャンネル	46万1000
高木 豊	BASEBALL CHANNEL By 高木豊	39 万2000
デーブ大久保	デーブ大久保チャンネル	35万9000
藤川球児	藤川球児の真向勝負	34万
片岡篤史	片岡篤史チャンネル	28万6000

※登録者数は2023年5月上旬現在

「結局、ユーチューブを見ているのが若い人なんですよ。だから里崎や上原といった若い評論家のユーチューブの登録者数が多い。ところが、ボクとか福本さんといった高齢者はレジェンドとかいって持ち上げられているけど、見ている人も高齢者なんです。ユーチューブを見ている高齢者の数自体が少ないですからね。

いまどきの人はいまどきの評論家のユーチューブを見ていて、高齢者は高齢者のユーチューブを見る。中身には自信があるけど、なかなか再生回数やチャンネル登録者数が増えない。これは仕方がないかもしれませんね」

「世界の盗塁王」は1・3万人

江本氏が「福本さん」と言ったのは、関西では独特の言い回しによるテレビ解説で抜群の人気を誇る世界の盗塁王・福本豊氏のこと。「福本豊チャンネル」を2021年に開設し、現役時代や球界の裏話をテーマにしている。70〜80年代パ・リーグのハチャメチャエピソードを関西弁丸出しで披露する爆笑トークなのだが、それでもチャンネル登録者数が1・3万人と伸び悩んでいる。福本豊氏が語る。

「テレビ局を退職した社員が『福本さんもユーチューブをやらないですか』と言われて、出るだけならいつでも出るよ、ということで始めた。チャンネル登録者数が増えて、再生回数が増えれば課金されるシステムは知っていますが、ようわかりません。

中身は面白いと言われるが、チャンネル登録者数はなかなか増えないらしいね。僕の人気がないのか、やっていることが世間に行き届いていないのか、わからないままやってますわ。若者ウケを狙ってやればいいんでしょうが、僕はまったく考えてないんです。昔の仲間との昔話をするのは楽しいから、それでいいと思っています」

ユーチューブはチャンネル登録者数1000人、動画投稿200本、直近12カ月間の総再生時間4000時間超などの条件をクリアすれば収益化が見えてくる。要は登録者数と再生回数が増えるほど儲かる仕組みとなっている。

「スポーツ界だけでなく、芸能人やお笑い芸人たちがユーチューブに参入し、競争が激化している。そのため広告単価が下がっており、1再生当たり0・1円が相場。100万回の再生で10万円の広告収入となります」(広告代理店関係者)

屈辱の「270回」再生

江本氏のユーチューブは開設初期と内容が変わってきた。当初は事務所のある浅草のグルメを紹介する内容だったが、期待するような再生回数にはならなかった。最も少ないもので270回だったが、自分の土俵である野球をテーマにすると最低でも再生回数が1万回を超えるようになった。最近では法政大学野球部の1年先輩である〝ミスター赤ヘル〟こと山本浩二氏をゲストに迎えた回は13万再生を超えた。

「食い物の話はとくにダメ。やはり餅は餅屋。野球の話が一番食いついてくれます。死んだあとに誰かが見

山本浩二氏を迎えた回は13万再生を突破（画像はYouTube「エモやんの、人生ふらーりツマミグイ」より）

てくれたらいいやと、遺言代わりにやっていましたが、それなりに経費もかかるので、どうしてもおカネになる企画に流れますよね。最近はようやくメシ代ぐらいになっていますが、これで食っていこうなんてとんでもないことです」

と語る江本氏だが、動画投稿数を重ねていくなかでほかのユーチューバーたちもやっている画期的な手法に気がついた。人気ユーチューバーとのコラボである。

高木豊やデーブ大久保から「うちらに乗っかればいいんですよ」と言われ、お互いのチャンネルに出る形のコラボを持ちかけられたという。

「コラボをやればメリットがある。2人でやりとりをしたほうが話は盛り上がるし、ゲストを呼べばいくばくかのギャラが発生するが、コラボだとお互いに自分のチャンネルに出演してもらうため払わなくていい。2時間の撮影時間だとすれば、前半の1時間はボクが相手のユーチューブのゲストとなり、後半の1時間は相手がゲストになってくれる。人気ユーチューバーとやることで知名度が上がり再生回数は飛躍的に伸びました」

しかし、登録者数は期待したほど伸びなかったという。相手の登録者数が大きく増えたのに対し、「エモやんの、人生ふらーりツマミグイ」は微増だった。

「なぜ登録者数が増えないのか。いろんな関係者に話を聞いたところ、我々は若い人のように必死でやってないからだと言われました。ボクはこれで銭儲けしようとか考えていない。ほとんど遺言みたいなもので、記念に残っておればいい……というのでは、完全に商売としてやっている若い人たちと違いが出て当然だと」

「チャンネル登録」の壁

江本氏のユーチューブは出たとこ勝負。台本などは一切ない。編集は元ニッポン放送アナウンサーの松本秀夫氏が担当し、タイトルは江本氏が決める。

「やはり素人っぽくなる。里崎や上原のユーチューブは何人もスタッフを抱え、構成作家がいて、台本まであるといいますからね」

素人が勉強して始めたことだから、すべてが手探りだったという。

「機材にしてもボクらはスマホで撮ったりするが、本格的なヤツらはカメラからして違うからね。3台も4台も置いてやっています。棺桶に片足を突っ込んでいて、そこまでは……ということになりますが、それでもやり始めるとチャンネル登録者数を増やしたいと思うようになる。機材を提供してくれる人がいるので、今後は少し大がかりにできるんじゃないかと思うが、最近になって若い評論家たちと決定的な違いに気がつきました。ユーチューブを見る世代の年齢差が致命傷になっているのではないかと」

後期高齢者となった江本氏だが、若い評論家たちとコラボするなかで「世代格差」を肌で感じたというのだ。江本氏が続ける。

「我々の世代がユーチューブというか、こういったネットビジネスに馴染みがないため、視聴者に〝チャンネル登録をお願いします〟とお願いすることがそもそも難しい。登録するとカネを取られるんじゃないかと身構えてしまうんです。若い人は興味があるとすぐにチャンネル登録をするが、高齢者はチャンネル登録が無料だというのを知らない。逆にエロサイトで痛い目に遭った世代ですからね、どうしても身構えてしまう。それでもチャンネル登録しようとしてくれても、〝アカウントを入力してください〟の段階で、〝よくわからん〟〝もうエエわ〟ということになってしまう。

再生する人は内容が面白いから見てくれているが、チャンネル登録はしてくれないようですね。僕らが話題にしている時代を知っているファンは同世代の年寄りですからね。だからまず、登録が無料だと理解してもらうことから始めないといけない。そうなると、こちらも〝もうエエわ〟となる」

ユーチューブでは「チャンネル登録お願いします」というのは聞き慣れたセリフだが、「ボクらの世代の人には逆効果になるみたいなので言ってない」という。

ロッテなどで活躍した愛甲猛氏が「江本さんとやると登録者数が増える」と言うので、3回目のコラボをやったというが、「愛甲のチャンネルは登録者数が増えるが、僕のほうはほとんど増えない。構造的なものはなかなか克服できないですね」と江本氏は嘆く。

「手間暇かけているがおカネにならない」

里崎氏のように1億円プレーヤーとまではいかないが、トップクラスのユーチューバーの売り上げは千万単位になるといわれ、元プロ野球選手のセカンドキャリアの稼ぎ頭になろうとしている。しかし、それは限られた人たちの話。現役時代に輝かしい実績を残していても、ユーチューバーとして結果を残せないケースは少なくない。登録者数が2万人超の江本氏は大健闘で、1000人の壁もなかなか突破できないのが現実だという。某元プロ野球選手ユーチューバーのスタッフが語る。

「儲かっているような話はよく聞きますが、はっきり言ってうちは儲かっていないですね。始めて3年になりますが、まとまったおカネがもらえるようになって

4カ月ですね。1年以上はまったくの無収入で、2年目の夏頃からおカネになるようになりましたが、今でもうちの月の収益は大卒の初任給より安いですね。〝手間暇かけているがおカネにならないな〟っていうのが率直な感想です。

うちは事務所スタッフでやっているので、なかなかおカネにならないそうです。再生回数も登録者数も多い巨人ＯＢは専門スタッフがいる制作会社に頼んで作っている。そのためおカネは稼げるけど、経費もすごいみたいです。そういう人とコラボすると機材やスタッフなどの違いがよくわかります。台本を作って、カンペまでありますからね」

元阪神・中西清起の奮闘

ゲストとの面白トークが人気で、登録者数4万人超の「中西清起の虎の穴チャンネル」（4・42万人）を開設する元阪神の中西清起氏も、

「はっきり言ってそんなに売り上げはないですよ。編集などに若い子を何人か雇っていますからね。そういった人の経費も必要なので、これで生活なんてとんでもないです。高木豊さんが発起人になって里崎や片岡（篤史）らが出資して制作会社を立ち上げ、スタジオや機材を共同購入した。スタッフも雇っているそうですが、それぐらいしないと儲からない世界」

と証言する。当初は制作費が必要だが、お金も入ってこない。そのため、知り合いの企業に頭を下げてテーブルに広告看板を置き、広告費で制作費を補填していたという。

「やはり若いスタッフと一緒にやることですね。若い子の心理は若い子しかわからないので、指示どおりやっています。いろんなテーマでやるとチャンネルがバラけるから、基本は阪神ネタだけでやろうということでスタートしましたが、すぐに1万人を超えました。

昼にアップしてダメなら、同じようなテーマを夕方に出したり、夜に出したりして調整もしましたね。企画内容だけでなく、編集やサムネイルとかもいろいろ試したりもしましたし、ターゲットを何歳かというの

も把握しているみたいです。あと頻繁に出したほうがいいということで月10本ペースで動画を出していた。20代前半の若いスタッフに指示してもらい、ボクはしゃべっているだけですが（苦笑）」（中西氏）

熱心な阪神ファンを狙い撃ちにした動画で登録者数を伸ばしているが、元阪神の選手のセカンドキャリアを取りあげたシリーズが予想外のヒットだったという。なかでも再生回数が多かったのが大阪・ミナミでお好み焼き屋を開業した水落暢明《みずおちのぶあき》氏のケース。２００４年のドラフト10位だが、現役当時の裏話が面白く、コアな阪神ファンの心に届いた。テーマがどこにあるかわからないのがユーチューブの魅力でもあるのだ。

「ゲストに岡田（彰布）さんや新庄（剛志）が出てくれたり、ユーチューブをやっているＯＢにコラボで助けてもらったりしている。ただ、毎回というわけにはいかないですからね。コラボは内容を変えてお互いに出せるためギャラも不要ですが、相手のスケジュールもある。鳥谷（敬）なんか何カ月も先までいっぱいですからね。やはり人脈もある程度必要だとは思います」（同前）

「いまだによくわからん」

先の江本氏はこんな話をしていた。

「ユーチューブがハマる層というのがあって、そこにハマると大化けするが、そこがいまだにわからない。野球の話でも技術ものはあまり食いつかない。なら暴露かといえばそうでもない。本当はどうなっているのか、という真相を語るといいみたいですが、昔話をしてもなかなかウケない。僕らの時代の野球裏話はめちゃくちゃ面白いと思うのですが。高木豊、デーブ大久保、田尾安志といった人気ユーチューバーに助けられてここまで登録者数が増えましたが、いまだによくわからんままにやってますわ」

百戦錬磨の球界の大物ＯＢでも苦戦するユーチューブ。そこが最高の魅力なのかもしれない。

この野球本がすごい！

野球本マニアの野球ライターが「必読」の21冊を独断と偏見でセレクト！

近年、名作豊富といわれる「野球本」。ノンフィクションから小説、絵本、画集まで最新作を中心に紹介する——。

文＝村瀬秀信（ライター）

みなさま、こんにちは。人生で大切なことは野球から教わった。野球本は人生の教科書。ライターの村瀬です。野球本、読んでますか。この世にはグラウンドでのドラマの数だけ野球本があります。一口に野球本と言っても、選手や監督の自伝から取るに足らない草野球選手の妄想小説までさまざまなジャンルが入り乱れてございます。今回「この野球本がすごい！」と題して、ピックアップしたのは発売前を含む話題の新作を中心に、わたくしが何かしらの点で「すごい！」と唸らされた、一芸に秀でた野球本です。これは読んでおいて損はないという新作奇作意欲作を、野球本の名作中の名作「江夏の21球」にあやかって21冊ご用意させていただきました。どうぞお読みくださいませ。

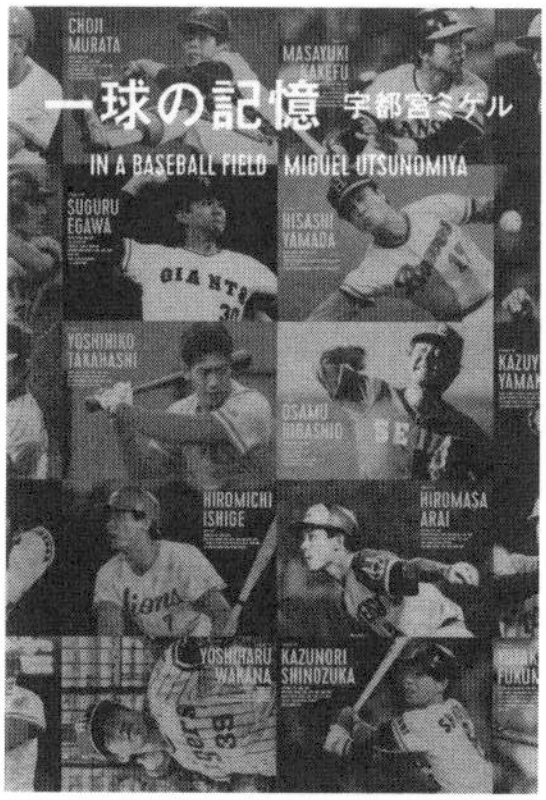

一球の記憶

著者●宇都宮ミゲル
出版社●朝日新聞出版　2023年／2178円

昭和プロ野球選手37人の「一球」

同じ野球でも今のアスリートとは180度違う、“プロ野球選手”が生きていた時代。昭和のプロ野球を彩った江川卓、掛布雅之、村田兆治ら個性が強すぎる37人のプロ野球選手の人生における一球の記憶にクローズアップした。昭和レジェンドの逸話は掘り尽くしたかと思いきや、焦点を絞ったこともあってかまだまだ面白話が尽きないのはすごい。特別付録も異様にシブい！

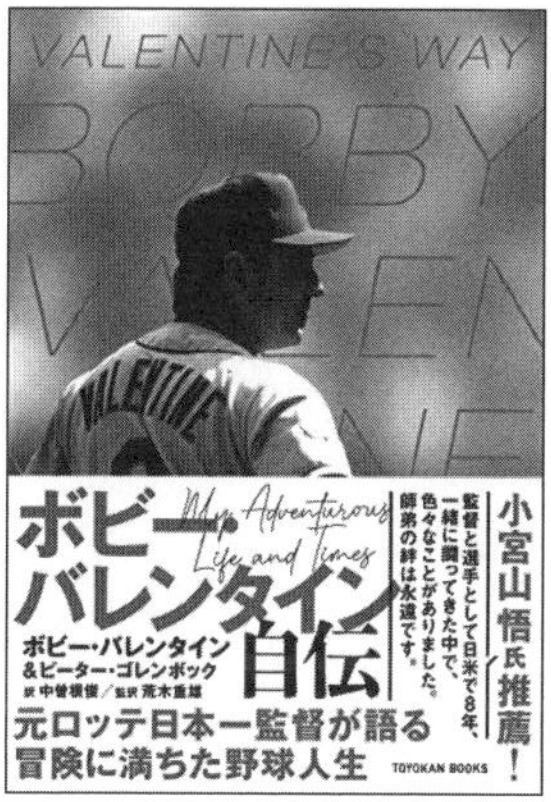

ボビー・バレンタイン自伝

著者●ボビー・バレンタイン&ピーター・ゴレンボック
訳・中曽根俊／監訳・荒木重雄
出版社●東洋館出版社　2023年／2420円

「ボビー・バレンタイン」という奇妙な人生

ボビー・バレンタイン72歳にして初の自伝。退場になってもパーティ眼鏡で変装してベンチに居座る奇抜さと、底抜けの明るさで愛されたプロ野球人生。それでも広岡達郎との確執やメッツの監督として迎えた9・11の悲しみに、師と仰ぐトミー・ラソーダをはじめ数多のスーパースターたちとの関係など、今まで語られることのなかったバレンタインの奇妙な人生がすごい。

栗山ノート

著者●栗山英樹
出版社●光文社　2019年／1430円

野村・落合に続く「栗山本」の最高傑作

WBCの優勝特需で一躍「理想の上司ランキング」1位に躍り出た栗山英樹監督の2019年に出た現段階での最新作。栗山氏が日々の出来事を四書五経や経営者の言葉から抜き出して紡いだ野球ノートを紹介。WBCで魅せた忍耐強さ、人を信頼する信念の根本が垣間見えるかも。野村ノート以来確立された「ノート系」の話題作にて「栗山本」時代の到来を予感させる予感がすごい。

谷繁ノート

強打者の打ち取り方

著者●谷繁元信
出版社●光文社　2023年／1650円

落合、イチロー、前田智らの打ち取り方指南書

「ノート系」では、とくに映えるのはキャッチャーのノートである。日本球界で最も試合に出た男・谷繁元信が現役時代に対戦してきた強打者とどのように対峙してきたのか。打者を「観察・洞察」してきたノートをもとに基本的な攻略法を指南。同僚だった石井琢朗やローズとの夢の対戦も面白いが、捕手目線を通じて前田智徳や大谷翔平など、打者のすごさが改めてわかるすごい本。

降伏論

「できない自分」を受け入れる

著者●高森勇旗
出版社●日経BP　2023年6月発売予定／1760円

一生懸命という幻想から降りる知恵の種

現役6年のうちに一軍で打ったヒットは1本だけ。2012年にDeNAベイスターズを戦力外となった高森勇旗。彼は引退後にコーチングを学びビジネスの世界で大成功を収め、現役時代の年俸を軽く超える結果を残している。そんな彼が言う。成功したければ「諦める」こと。一生懸命やればいいってもんじゃない。野球で失敗したからこそ気づけた、目からウロコの発見がすごい。

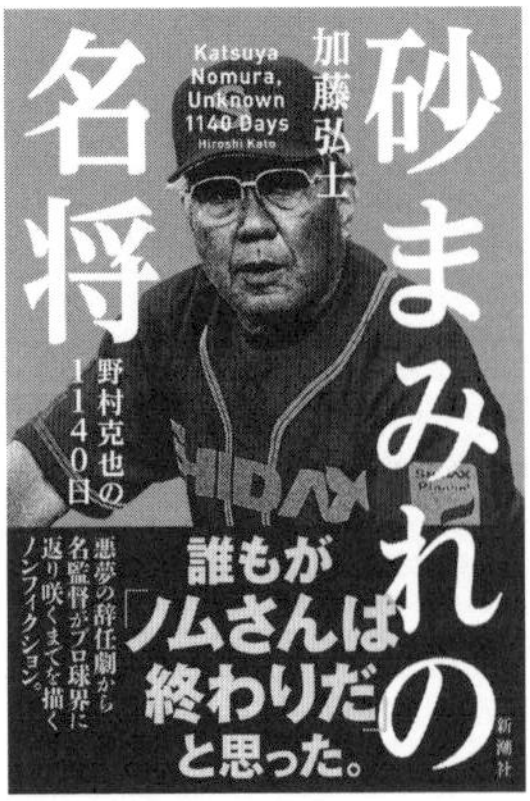

砂まみれの名将

野村克也の1140日

著者●加藤弘士
出版社●新潮社　2022年／1650円

誰も知らない、もうひとつの野村克也

いわゆる野村本ではあまり触れられてこなかった社会人シダックス時代の「空白の3年間」は、のちに野村本人が「あの頃が一番楽しかった」と振り返る熱い時代だった。砂と埃にまみれた調布のグラウンドで、アマチュア選手たちと向き合い“人を遺そう”とした野村克也の、圧倒的に人間くさい野球への情熱を、当時記者として帯同していた加藤氏が描く。繊細な筆致がすごい。

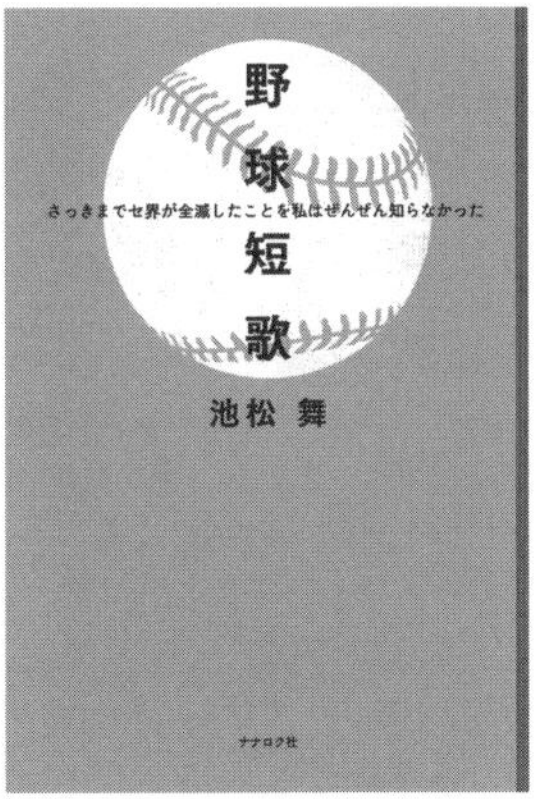

野球短歌
さっきまで世界が全滅したことを私はぜんぜん知らなかった

著者●池松舞
出版社●ナナロク社　　2023年／1760円

正岡子規以来の野球快作、そして愛

　昨年、開幕から阪神が大連敗を喫していた4月のある日「残塁の数を数えて甲子園きみは十二でぼくは九つ」という短歌が池松さんのTwitter上に上がった。ああ、負けすぎておかしくなってしまったのかと心配していたら、翌日もその翌日も阪神は負け続けて短歌も上がった。気がついたら1年が経って本になっていた。まとめて読んだら落涙した。これは新しい野球の形だ。すごい。

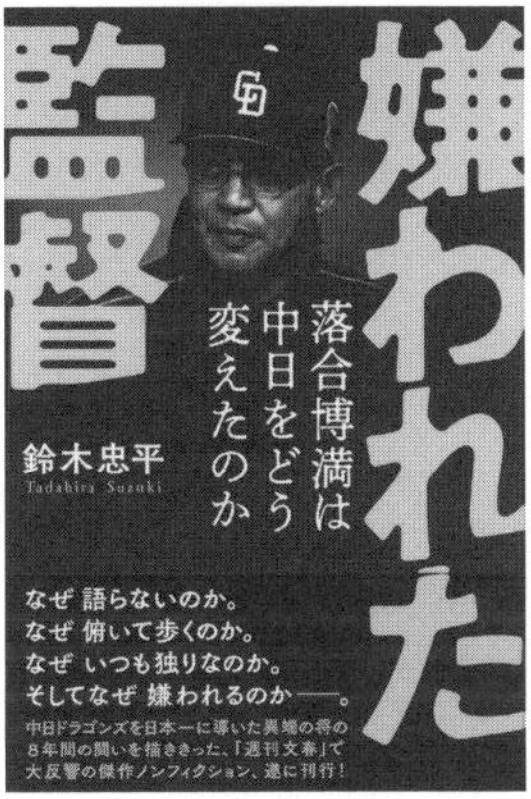

嫌われた監督
落合博満は中日をどう変えたのか

著者●鈴木忠平
出版社●文藝春秋　　2021年／2090円

野球本の歴史に残るであろう名作ノンフィクション

　ベタベタの名作なのだが、令和の本にして野球本の歴史に永遠に残るような傑作なので外すわけにはいかず。“落合博満”という謎と偏見に満ちた野球界最後の神秘を追い続けた記者の戸惑いから理解へと進む見事な物語。落合と携わった12人の選手らの証言を通じて見えてくる“異端の名将”の8年間の記録は、476ページのぶ厚い本があっという間に読み終わる熱量がすごい一作。

成瀬は天下を取りにいく

著者●宮島未奈
出版社●新潮社　2023年／1705円

西武大津店の“栗山と山川”

　野球本ではない。中学生が主人公の青春小説なのだが、最近読んだ本で一番面白かったので。中学2年生の成瀬あかりの奇抜でまっすぐで滋賀滋賀した6篇の短編からなる物語。コロナ禍の影響で8月いっぱいで閉店が決定した「西武に夏を捧げる」と、地元放送局のカウントダウン中継に毎日見切れに行くところから物語が始まる。ファンでもないのにずっと着ているライオンズユニの持つ効果がすごい。友情と骨とアグー。

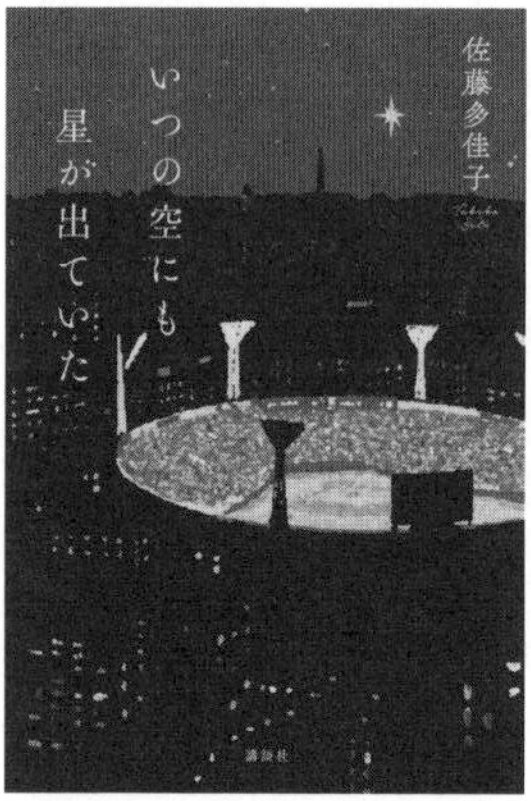

いつの空にも星が出ていた

著者●佐藤多佳子
出版社●講談社　　2020年／1760円

プロ野球とそこに生きる人たちの物語

フィクションではあるのだけど、僕はこの登場人物たちを知っている。大洋から横浜ベイスターズ、DeNAへと続く時代を舞台に応援する市井の人々の物語。違う人生を送っていても、あの時何があって何を感じていたのか、同じものを見ていた愛しい感覚。応援するチームがある人生って素晴らしいと改めて感じるプロ野球小説の最高傑作。野球ファンならすごい刺さる。

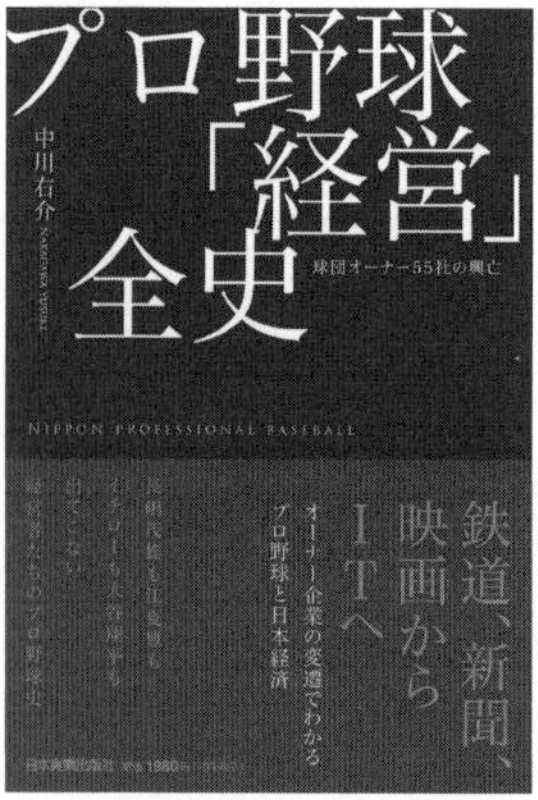

プロ野球「経営」全史
球団オーナー55社の興亡

著者●中川右介
出版社●日本実業出版社　　2021年／1980円

プロ野球オーナー企業の興亡史

日本プロ野球の創設から、現代までのプロ野球オーナー企業の変遷をまとめた一冊。戦前から令和まで、新聞社、鉄道会社、映画、食品、ITとプロ野球を持った55の企業の変遷は、同時に日本の産業の興廃もよくわかる。この本に豪腕投手の思い出なんて出てこないが、各球団ワンマン経営者たちの天衣無縫な豪腕っぷりは比類する。全14章、読み応えがすごい。

日本プロ野球犯罪事典
球界刑事事件史

著者●浦田盛一（編集），吉田亮太（編集）
出版社●ちんぷー　　2021年／2200円

日本プロ野球の「影」を集めた異色辞典

これは驚いた。約90年わたるプロ野球の歴史のなかで起きてしまった選手の犯罪を徹底的に調べあげ、実名と球歴、通算成績に加え、どのような罪を犯し、裁判の結末までを詳細に記すという、新しすぎる野球本の地平を拓いた意欲作。下着泥棒から、恐喝、暴行、脱税、殺人までのべ150人以上の刑事事件罪となった症例を淡々と記した、資料としてもかなりすごい一冊。

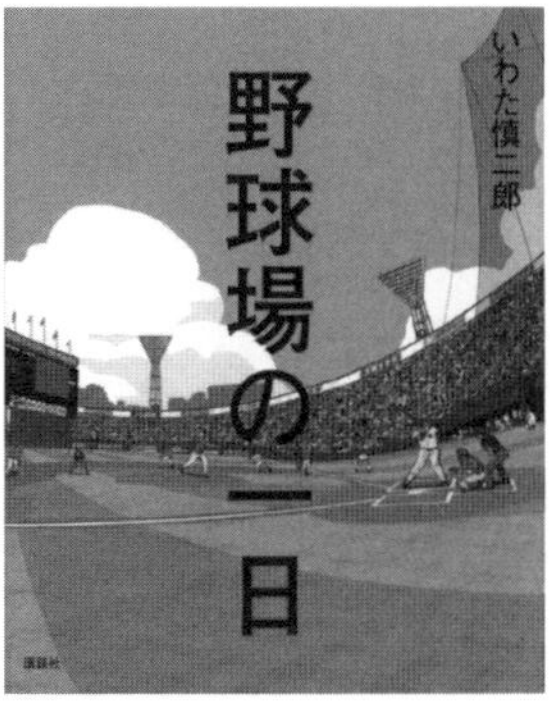

野球場の一日

著者●いわた慎二郎
出版社●講談社　　2011年／1540円

旧横浜スタジアムの一日を描いたえほん

横浜スタジアムの一日を舞台にした絵本。2011年発売。……ということはDeNA夜明け前の、旧横浜スタジアムが描かれている。しかも外からは見られない関係者オンリーの選手食堂や浴場などが丁寧に描かれているほか、ボールやグローブなど、野球場にある道具。売店やビール売り、そこで働く人たちなどが描かれるので歴史絵的資料としてもすごい。今だからこそ読みたい。

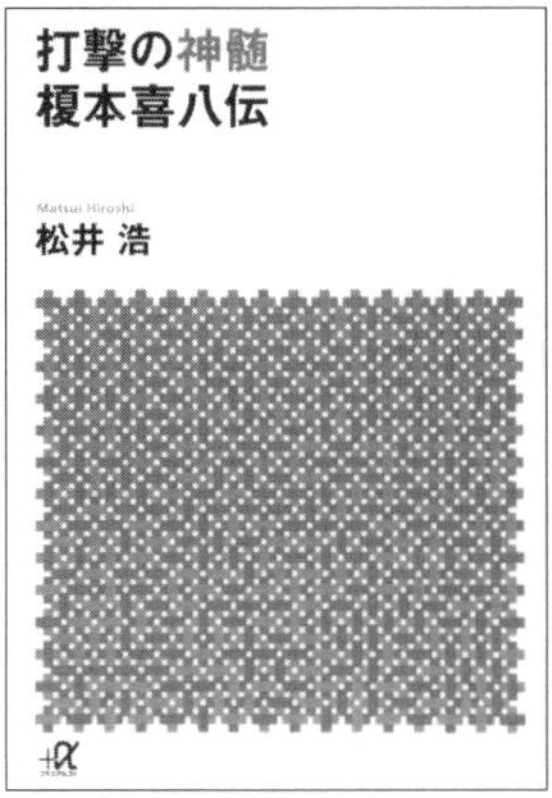

打撃の神髄 榎本喜八伝

著者●松井 浩
出版社●講談社+α文庫　　2016年／902円

臍下丹田に気を沈め五体隅々を結ぶ

榎本喜八という、選手であり打撃道を究めんと欲した修験者が好きだ。プロ野球が神話の世界だった時代に「神の域に行った」とまで達観した打撃の職人の一代記。打撃を究めんと壮絶な葛藤の中に身を投じ次第に狂い孤立し枯れてゆく。神の世界を見た天才はそれと引き換えに何を失ったのか。現役選手全員に読ませたくなる選手モノのノンフィクションとして個人的最高傑作。すごい。

弱くても勝てます
開成高校野球部のセオリー

著者●高橋秀実
出版社●新潮文庫　　2014年／605円

エラーとドラマは見なかったことにする

東大合格者数1位を走り続ける私立開成高校。その野球部の学生たちは勉強に時間を取られ、練習するグラウンドも設備もすべてが足りない。ただ彼らには弱者なりの兵法であり、知恵があった。制限のなかで効率よく、勝つ可能性が高い選択をしていく戦略は、浮世離れの工夫と驚き、愉しみとエラーに溢れる。高校野球モノで一番すごい好きな作品。TVドラマはなかったことで。

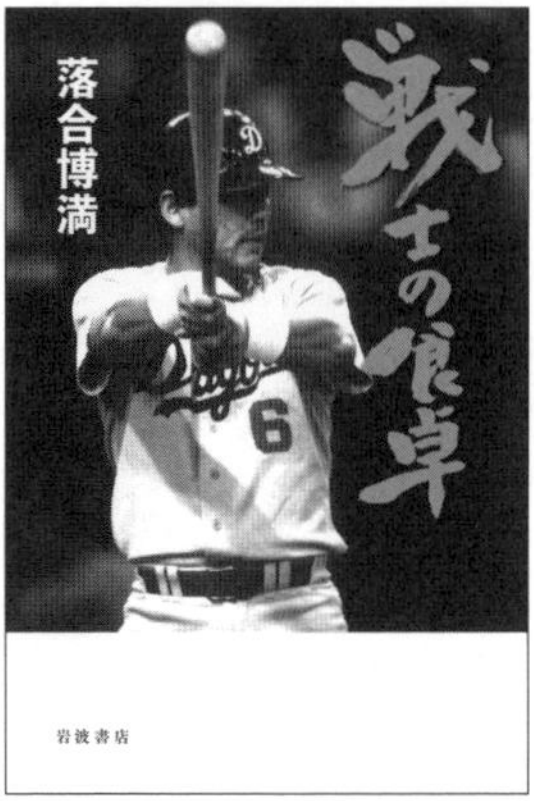

戦士の食卓

著者●落合博満
出版社●岩波書店　　2021年／1650円

落合本は「映画」も「食」も面白い

1986年『なんと言われようとオレ流さ』（講談社）以来、「落合本にハズレなし」（本人著に限る）の格言を、映画本で改めて証明した『戦士の休息』（岩波書店）に続く、こちらは「食の哲学」にまつわる話。偏食だった落合が結婚後に信子夫人の創意工夫で健康と三冠王を手に入れた、食にまつわる夫婦の歴史とこだわり。落合の回想に信子夫人が解説・補足する二人三脚の構成はすごくエキサイティング！

プロ野球画報2015
東京ヤクルトスワローズ全試合

著者●ながさわたかひろ
出版社●雷鳥社　　2016年／1760円

俺も、君も、プロ野球選手だ！

ヤクルトがまだ弱かった2010年代。毎試合選手の画を描いてヤクルトを優勝させようとしていた芸術家がいた。彼の名は、ながさわたかひろ。6年間一切の収益もないままヤクルトの試合画を描き続け、チームを後押ししたいと信念に殉じた願いは、15年に優勝という結実を迎える。この画集は1年間のながさわの戦いを収めたもうひとつのペナントの記憶。すごい男がいたものだ。

日本バッティングセンター考

著者●カルロス矢吹
出版社●双葉社　　2022年／2035円

ニッポンのバッティングセンター泣き笑い

ありそうでなかったバッティングセンターに関する奇書。気仙沼の被災地に生まれたバッティングセンター経営者の生き方に心奪われた筆者が、北は網走から南はタイまでそれぞれが物語を持つバッティングセンター経営者の生き方を訪ね歩く。わが国におけるバッティングセンターの隆盛と、その野球民俗学を詳らかにした野球史のすみっこの方に残るであろうすごい記録である。

球団承認 Carp SPIRITS 2023

著者●カープ手帳編集部
出版社●辰巳出版　2023年／1700円

カープファンにおくる8年目の「カープ手帳」

2015年から毎春刊行されているカープファンのための手帳も今年で8年目。試合結果を書き込める週間・月間のスケジュール帳に、選手名鑑、球場案内、ドラフト指名一覧表にカープ選手のインタビューも。「野球初心者でもカープの応援が楽しめるように」と創意工夫された一冊は2016年に交通事故で亡くなった編集者・小田原昌子さんの思いが籠められたすごい便利な手帳。

ドラフト最下位

著者●村瀬秀信
出版社●KADOKAWA　2019年／1760円

会議で最後に名前を呼ばれた男たちの人生劇場

掟破りの自画自賛。世にドラフト本は数あれど、その年のドラフト会議の「一番最後に名前を呼ばれた選手」の野球人生にスポットライトを当てた本書ほど、数奇な運命を感じさせるドラフト本は他にない。中学高校登板ゼロの投手、日米野球で来日した謎の日本人内野手らの異端から、ロッテ・福浦和也などスターとなった選手まで16人の人生を追う。なのに売れない。すごい謎。

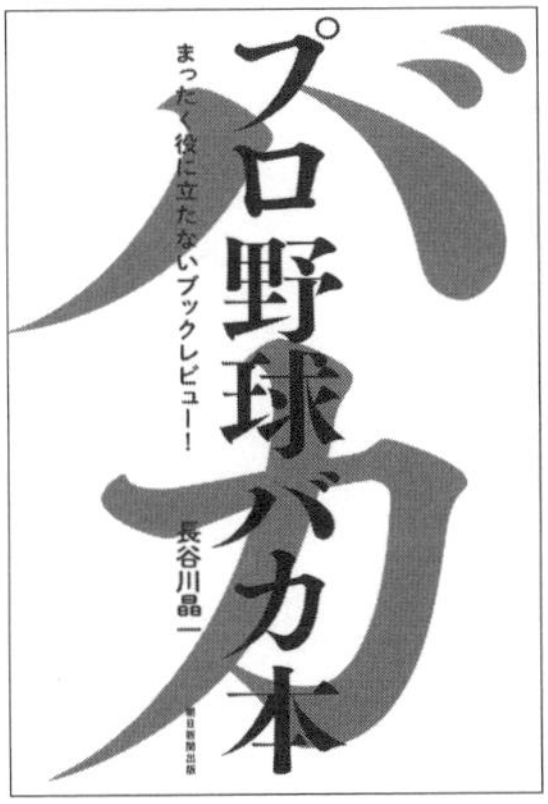

プロ野球バカ本
まったく役に立たないブックレビュー！

著者●長谷川晶一
出版社●朝日新聞出版　2018年／1980円

素晴らしき野球バカ本の世界

「野球本」というジャンルが誕生して多分50年ぐらい。名著の影には“バカ本”と呼称するしかないコンプラ上等・意味不明・自己愛強しな野球煩悩の結晶が今も古本屋やアマゾンの海を漂っている。そんな裏野球文学史ともいうべき愛すべき108冊のバカ本を日の下に引きずり出し再評価するある意味お焚き上げな一冊。あとのおすすめのすごい本はこちらに譲りたいと思います——。

記録室

◎記録室

◆年度別日本シリーズ成績

年度	セ・リーグ	監督	結果	パ・リーグ	監督
1950	松竹	小西得郎	2－4	毎日	湯浅禎夫
1951	巨人	水原 茂	4－1	南海	鶴岡一人
1952	巨人	水原 茂	4－2	南海	鶴岡一人
1953	巨人	水原 茂	4①2	南海	鶴岡一人
1954	中日	天知俊一	4－3	西鉄	三原 脩
1955	巨人	水原円裕	4－3	南海	鶴岡一人
1956	巨人	水原円裕	2－4	西鉄	三原 脩
1957	巨人	水原円裕	0①4	西鉄	三原 脩
1958	巨人	水原円裕	3－4	西鉄	三原 脩
1959	巨人	水原円裕	0－4	南海	鶴岡一人
1960	大洋	三原 脩	4－0	大毎	西本幸雄
1961	巨人	川上哲治	4－2	南海	鶴岡一人
1962	阪神	藤本定義	2①4	東映	水原 茂
1963	巨人	川上哲治	4－3	西鉄	中西 太
1964	阪神	藤本定義	3－4	南海	鶴岡一人
1965	巨人	川上哲治	4－1	南海	鶴岡一人
1966	巨人	川上哲治	4－2	南海	鶴岡一人
1967	巨人	川上哲治	4－2	阪急	西本幸雄
1968	巨人	川上哲治	4－2	阪急	西本幸雄
1969	巨人	川上哲治	4－2	阪急	西本幸雄
1970	巨人	川上哲治	4－1	ロッテ	濃人 渉
1971	巨人	川上哲治	4－1	阪急	西本幸雄
1972	巨人	川上哲治	4－1	阪急	西本幸雄
1973	巨人	川上哲治	4－1	南海	野村克也
1974	中日	与那嶺要	2－4	ロッテ	金田正一
1975	広島	古葉竹識	0②4	阪急	上田利治
1976	巨人	長嶋茂雄	3－4	阪急	上田利治
1977	巨人	長嶋茂雄	1－4	阪急	上田利治
1978	ヤクルト	広岡達朗	4－3	阪急	上田利治
1979	広島	古葉竹識	4－3	近鉄	西本幸雄
1980	広島	古葉竹識	4－3	近鉄	西本幸雄
1981	巨人	藤田元司	4－2	日本ハム	大沢啓二
1982	中日	近藤貞夫	2－4	西武	広岡達朗
1983	巨人	藤田元司	3－4	西武	広岡達朗
1984	広島	古葉竹識	4－3	阪急	上田利治
1985	阪神	吉田義男	4－2	西武	広岡達朗
1986	広島	阿南準郎	3①4	西武	森 祇晶
1987	巨人	王 貞治	2－4	西武	森 祇晶
1988	中日	星野仙一	1－4	西武	森 祇晶
1989	巨人	藤田元司	4－3	近鉄	仰木 彬
1990	巨人	藤田元司	0－4	西武	森 祇晶
1991	広島	山本浩二	3－4	西武	森 祇晶
1992	ヤクルト	野村克也	3－4	西武	森 祇晶
1993	ヤクルト	野村克也	4－3	西武	森 祇晶
1994	巨人	長嶋茂雄	4－2	西武	森 祇晶
1995	ヤクルト	野村克也	4－1	オリックス	仰木 彬
1996	巨人	長嶋茂雄	1－4	オリックス	仰木 彬
1997	ヤクルト	野村克也	4－1	西武	東尾 修
1998	横浜	権藤 博	4－2	西武	東尾 修
1999	中日	星野仙一	2－4	ダイエー	王 貞治
2000	巨人	長嶋茂雄	4－2	ダイエー	王 貞治
2001	ヤクルト	若松 勉	4－1	近鉄	梨田昌孝
2002	巨人	原 辰徳	4－0	西武	伊原春樹
2003	阪神	星野仙一	3－4	ダイエー	王 貞治
2004	中日	落合博満	3－4	西武	伊東 勤
2005	阪神	岡田彰布	0－4	ロッテ	バレンタイン
2006	中日	落合博満	1－4	日本ハム	ヒルマン
2007	中日★	落合博満	4－1	日本ハム	ヒルマン
2008	巨人	原 辰徳	3－4	西武	渡辺久信
2009	巨人	原 辰徳	4－2	日本ハム	梨田昌孝
2010	中日	落合博満	2①4	ロッテ★	西村徳文
2011	中日	落合博満	3－4	ソフトバンク	秋山幸二
2012	巨人	原 辰徳	4－2	日本ハム	栗山英樹
2013	巨人	原 辰徳	3－4	楽天	星野仙一
2014	阪神★	和田 豊	1－4	ソフトバンク	秋山幸二
2015	ヤクルト	真中 満	1－4	ソフトバンク	工藤公康
2016	広島	緒方耕市	2－4	日本ハム	栗山英樹
2017	DeNA★	ラミレス	2－4	ソフトバンク	工藤公康
2018	広島	緒方耕市	1①4	ソフトバンク★	工藤公康
2019	巨人	原 辰徳	0－4	ソフトバンク★	工藤公康
2020	巨人	原 辰徳	0－4	ソフトバンク	工藤公康
2021	ヤクルト	高津臣吾	4－2	オリックス	中嶋 聡
2022	ヤクルト	高津臣吾	2①4	オリックス	中嶋 聡

※○は引き分け、★はシーズン１位以外

◆年度別MVP

年度	セ・リーグ 選手名	所属	成績	パ・リーグ 選手名	所属	成績
1950	小鶴 誠	松竹	.355 51本 161点	別当 薫	毎日	.335 43本 105点
1951	川上哲治	巨人	.377 15本 81点	山本一人	南海	.311 2本 58点
1952	別所毅彦	巨人	33勝13敗 防1.94	柚木 進	南海	19勝7敗 防1.91
1953	大友 工	巨人	27勝6敗 防1.86	岡本伊三美	南海	.318 19本 77点
1954	杉下 茂	中日	32勝12敗 防1.39	大下 弘	西鉄	.321 22本 88点
1955	川上哲治	巨人	.338 12本 79点	飯田徳治	南海	.310 14本 75点
1956	別所毅彦	巨人	27勝15敗 防1.93	中西 太	西鉄	.325 29本 95点
1957	与那嶺 要	巨人	.343 12本 48点	稲尾和久	西鉄	35勝6敗 防1.37
1958	藤田元司	巨人	29勝13敗 防1.53	稲尾和久	西鉄	33勝10敗 防1.42
1959	藤田元司	巨人	27勝11敗 防1.83	杉浦 忠	南海	38勝4敗 防1.40
1960	秋山 登	大洋	21勝10敗 防1.75	山内和弘	大毎	.313 32本 103点
1961	長嶋茂雄	巨人	.353 28本 86点	野村克也	南海	.296 29本 89点
1962	村山 実	阪神	25勝14敗 防1.20	張本 勲	東映	.333 31本 99点
1963	長嶋茂雄	巨人	.341 37本 112点	野村克也	南海	.291 52本 135点
1964	王 貞治	巨人	.320 55本 119点	スタンカ	南海	26勝7敗 防2.40
1965	王 貞治	巨人	.322 42本 104点	野村克也	南海	.320 42本 110点
1966	長嶋茂雄	巨人	.344 26本 105点	野村克也	南海	.312 34本 97点
1967	王 貞治	巨人	.326 47本 108点	足立光宏	阪急	20勝10敗 防1.75
1968	長嶋茂雄	巨人	.318 39本 125点	米田哲也	阪急	29勝13敗 防2.79
1969	王 貞治	巨人	.345 44本 103点	長池徳二	阪急	.316 41本 101点
1970	王 貞治	巨人	.325 47本 93点	木樽正明	ロッテ	21勝10敗 防2.53
1971	長嶋茂雄	巨人	.320 34本 86点	長池徳二	阪急	.317 40本 114点
1972	堀内恒夫	巨人	26勝9敗 防2.91	福本 豊	阪急	.301 14本 40点
1973	王 貞治	巨人	.355 51本 114点	野村克也	南海	.309 28本 96点
1974	王 貞治	巨人	.332 49本 107点	金田留広	ロッテ	16勝7敗 防2.90
1975	山本浩二	広島	.319 30本 84点	加藤秀司	阪急	.309 32本 97点
1976	王 貞治	巨人	.325 49本 123点	山田久志	阪急	26勝7敗5S 防2.39
1977	王 貞治	巨人	.324 50本 124点	山田久志	阪急	16勝10敗7S 防2.28
1978	若松 勉	ヤクルト	.341 17本 71点	山田久志	阪急	18勝4敗4S 防2.66
1979	江夏 豊	広島	9勝5敗22S 防2.66	マニエル	近鉄	.324 37本 94点
1980	山本浩二	広島	.336 44本 112点	木田 勇	日本ハム	22勝8敗4S 防2.28
1981	江川 卓	巨人	20勝6敗 防2.29	江夏 豊	日本ハム	3勝6敗25S 防2.82
1982	中尾孝義	中日	.282 18本 47点	落合博満	ロッテ	.325 32本 99点
1983	原 辰徳	巨人	.302 32本 103点	東尾 修	西武	18勝9敗2S 防2.92
1984	衣笠祥雄	広島	.329 31本 102点	ブーマー	阪急	.355 37本 130点
1985	バース	阪神	.350 54本 134点	落合博満	ロッテ	.367 52本 146点
1986	北別府 学	広島	18勝4敗 防2.43	石毛宏典	西武	.329 27本 89点

◎記録室

	セ・リーグ			パ・リーグ		
年度	選手名	所属	成績	選手名	所属	成績
1987	山倉和博	巨人	.273 22本 66点	東尾 修	西武	15勝9敗 防2.59
1988	郭 源治	中日	7勝6敗37S 防1.95	門田博光	南海	.311 44本 125点
1989	クロマティ	巨人	.378 15本 72点	ブライアント	近鉄	.283 49本 121点
1990	斎藤雅樹	巨人	20勝5敗 防2.17	野茂英雄	近鉄	18勝8敗 防2.91
1991	佐々岡真司	広島	17勝9敗 防2.44	郭 泰源	西武	15勝6敗1S 防2.59
1992	ハウエル	ヤクルト	.331 38本 87点	石井丈裕	西武	15勝3敗3S 防1.94
1993	古田敦也	ヤクルト	.308 17本 75点	工藤公康	西武	15勝3敗 防2.06
1994	桑田真澄	巨人	14勝11敗1S 防2.52	イチロー	オリックス	.385 13本 54点
1995	オマリー	ヤクルト	.302 31本 87点	イチロー	オリックス	.342 25本 80点
1996	松井秀喜	巨人	.314 38本 99点	イチロー	オリックス	.356 16本 84点
1997	古田敦也	ヤクルト	.322 9本 86点	西口文也	西武	15勝5敗1S 防3.12
1998	佐々木主浩	横浜	1勝1敗45S 防0.64	松井稼頭央	西武	.311 9本 58点
1999	野口茂樹	中日	19勝7敗 防2.65	工藤公康	ダイエー	11勝7敗 防2.38
2000	松井秀喜	巨人	.316 42本 108点	松中信彦	ダイエー	.312 33本 106点
2001	ペタジーニ	ヤクルト	.322 39本 127点	ローズ	近鉄	.327 55本 131点
2002	松井秀喜	巨人	.334 50本 107点	カブレラ	西武	.336 55本 115点
2003	井川 慶	阪神	20勝5敗 防2.80	城島健司	ダイエー	.330 34本 119点
2004	川上憲伸	中日	17勝7敗 防3.32	松中信彦	ダイエー	.358 44本 120点
2005	金本知憲	阪神	.327 40本 125点	杉内俊哉	ソフトバンク	18勝4敗 防2.11
2006	福留孝介	中日	.351 31本 104点	小笠原道大	日本ハム	.313 32本 100点
2007	小笠原道大	巨人	.313 31本 88点	ダルビッシュ有	日本ハム	15勝5敗 防1.82
2008	ラミレス	巨人	.319 45本 125点	岩隈久志	楽天	21勝4敗 防1.87
2009	ラミレス	巨人	.322 31本 103点	ダルビッシュ有	日本ハム	15勝5敗 防1.73
2010	和田一浩	中日	.339 37本 93点	和田 毅	ソフトバンク	17勝8敗 防3.14
2011	浅尾拓也	中日	7勝2敗10S45H 防0.41	内川聖一	ソフトバンク	.338 12本 74点
2012	阿部慎之助	巨人	.340 27本 104点	吉川光夫	日本ハム	14勝5敗 防1.71
2013	バレンティン	ヤクルト	.330 60本 131点	田中将大	楽天	24勝1S 防1.27
2014	菅野智之	巨人	12勝5敗 防2.33	金子千尋	オリックス	16勝5敗 防1.98
2015	山田哲人	ヤクルト	.329 38本 100点	柳田悠岐	ソフトバンク	.363 34本 99点
2016	新井貴浩	広島	.300 19本 101点	大谷翔平	日本ハム	10勝4敗1H 防1.86
2017	丸 佳浩	広島	.308 23本 92点	サファテ	ソフトバンク	2勝2敗54S3H 防1.09
2018	丸 佳浩	広島	.306 39本 97点	山川穂高	西武	.281 47本 124点
2019	坂本勇人	巨人	.312 40本 94点	森 友哉	西武	.329 23本 105点
2020	菅野智之	巨人	14勝2敗 防1.97	柳田悠岐	ソフトバンク	.342 29本 86点
2021	村上宗隆	ヤクルト	.278 39本 112点	山本由伸	オリックス	18勝5敗 防1.39
2022	村上宗隆	ヤクルト	.318 56本 134点	山本由伸	オリックス	15勝5敗 防1.68

通算記録　打者編

◆安打

順位	選手	所属	安打
1	張本 勲	ロッテ	3085
2	野村克也	西武	2901
3	王 貞治	巨人	2786
4	門田博光	ダイエー	2566
5	衣笠祥雄	広島	2543
5	福本 豊	阪急	2543
7	金本知憲	阪神	2539
8	立浪和義	中日	2480
9	長嶋茂雄	巨人	2471
10	土井正博	西武	2452

◆打率（4000打数以上）

順位	選手	所属	打率
1	リー	ロッテ	.320
2	若松 勉	ヤクルト	.31918
3	張本 勲	ロッテ	.31915
4	ブーマー	ダイエー	.3175
5	青木宣親※	ヤクルト	.3171
6	柳田悠岐※	ソフトバンク	.315
7	川上哲治	巨人	.313
8	与那嶺 要	中日	.311
9	落合博満	日本ハム	.3108
10	小笠原道大	日本ハム	.3100

※は現役

◆本塁打

順位	選手	所属	本塁打
1	王 貞治	巨人	868
2	野村克也	西武	657
3	門田博光	ダイエー	567
4	山本浩二	広島	536
5	清原和博	オリックス	525
6	落合博満	日本ハム	510
7	張本勲	ロッテ	504
7	衣笠祥雄	広島	504
9	大杉勝男	ヤクルト	486
10	金本知憲	阪神	476

◆打点

順位	選手	所属	打点
1	王 貞治	巨人	2170
2	野村克也	西武	1988
3	門田博光	ダイエー	1678
4	張本 勲	ロッテ	1676
5	落合博満	日本ハム	1564
6	清原和博	オリックス	1530
7	長嶋茂雄	巨人	1522
8	金本知憲	阪神	1521
9	大杉勝男	ヤクルト	1507
10	山本浩二	広島	1475

◆盗塁

順位	選手	所属	盗塁
1	福本 豊	阪急	1065
2	広瀬叔功	南海	596
3	柴田 勲	巨人	579
4	木塚忠助	近鉄	479
5	高橋慶彦	阪神	477
6	金山次郎	広島	456
7	大石大二郎	近鉄	415
8	飯田徳治	国鉄	390
9	呉 昌征	毎日	381
9	赤星憲広	阪神	381

◆犠打

順位	選手	所属	犠打
1	川相昌弘	中日	533
2	平野 謙	ロッテ	451
3	宮本慎也	ヤクルト	408
4	今宮健太※	ソフトバンク	346
5	菊池涼介※	広島	328
6	伊東勤	西武	305
7	田中浩康	DeNA	302
8	新井宏昌	近鉄	300
9	細川 亨	ロッテ	296
10	金子 誠	日本ハム	292

通算記録　投手編

◆登板

順位	投手	所属	登板
1	岩瀬仁紀	中日	1002
2	米田哲也	近鉄	949
3	金田正一	巨人	944
4	梶本隆夫	阪急	867
5	小山正明	大洋	856
6	江夏 豊	西武	829
7	五十嵐亮太	ソフトバンク	823
8	宮西尚生※	日本ハム	808
9	藤川球児	阪神	782
10	皆川睦雄	南海	759

◆勝利

順位	投手	所属	勝利
1	金田正一	巨人	400
2	米田哲也	近鉄	350
3	小山正明	大洋	320
4	鈴木啓示	近鉄	317
5	別所毅彦	巨人	310
6	スタルヒン	トンボ	303
7	山田久志	阪急	284
8	稲尾和久	西鉄	276
9	梶本隆夫	阪急	254
10	東尾 修	西武	251

◆防御率

順位	投手	所属	防御率
1	藤本英雄	巨人	1.90
2	野口二郎	阪急	1.96
3	稲尾和久	西鉄	1.98
4	若林忠志	毎日	1.99
5	スタルヒン	トンボ	2.088
6	村山 実	阪神	2.092
7	別所毅彦	巨人	2.18
8	荒巻 淳	阪急	2.230
9	杉下 茂	大毎	2.232
10	金田正一	巨人	2.34

◆ホールド

順位	投手	所属	ホールド
1	宮西尚生※	日本ハム	380
2	山口鉄也	巨人	273
3	浅尾拓也	中日	200
4	マシソン	巨人	174
5	五十嵐亮太	ソフトバンク	163
5	藤川球児	阪神	163
8	青山浩二	楽天	159
7	又吉克樹※	ソフトバンク	157
9	増井浩俊	オリックス	158
10	谷元圭介※	中日	154
10	益田直也※	ロッテ	153

◆セーブ

順位	投手	所属	セーブ
1	岩瀬仁紀	中日	407
2	高津臣吾	ヤクルト	286
3	佐々木主浩	横浜	252
4	藤川球児	阪神	243
5	サファテ	ソフトバンク	234
6	小林雅英	ロッテ	228
7	平野佳寿※	オリックス	213
8	山﨑康晃※	DeNA	207
9	松井裕樹※	楽天	197
10	江夏 豊	西武	193

◆奪三振

順位	投手	所属	奪三振
1	金田正一	巨人	4490
2	米田哲也	近鉄	3388
3	小山正明	大洋	3159
4	鈴木啓示	近鉄	3061
5	江夏 豊	西武	2987
6	梶本隆夫	阪急	2945
7	工藤公康	西武	2859
8	稲尾和久	西鉄	2574
9	三浦大輔	DeNA	2481
10	村田兆治	ロッテ	2363

※は現役。記録は2022年シーズン終了時点

シーズン記録　打者編

◆安打

順位	選手	所属	安打	年度
1	秋山翔吾※	西武	216	2015
2	マートン	阪神	214	2010
3	イチロー	オリックス	210	1994
4	青木宣親※	ヤクルト	209	2010
5	西岡 剛	ロッテ	206	2010
6	ラミレス	ヤクルト	204	2007
7	青木宣親※	ヤクルト	202	2005
8	長谷川勇也	ソフトバンク	198	2013
9	小笠原道大	日本ハム	195	2001
9	川端慎吾※	ヤクルト	195	2015
9	秋山翔吾※	西武	195	2018

◆打率

順位	選手	所属	打率	年度
1	バース	阪神	.389	1986
2	イチロー	オリックス	.387	2000
3	イチロー	オリックス	.385	1994
4	張本 勲	東映	.3834	1970
5	大下 弘	東急	.3831	1951
6	クロマティ	巨人	.3781	1989
7	内川聖一	横浜	.378	2008
8	川上哲治	巨人	.377	1951
9	中根 之	名古屋	.376	1936秋
10	ブルーム	近鉄	.374	1962

◆本塁打

順位	選手	所属	本塁打	年度
1	バレンティン	ヤクルト	60	2013
2	村上宗隆※	ヤクルト	56	2022
3	王 貞治	巨人	55	1964
3	ローズ	近鉄	55	2001
3	カブレラ	西武	55	2002
6	バース	阪神	54	1985
7	野村克也	南海	52	1963
7	落合博満	ロッテ	52	1985
9	小鶴 誠	松竹	51	1950
9	王 貞治	巨人	51	1973
9	ローズ	近鉄	51	2003

◆打点

順位	選手	所属	打点	年度
1	小鶴 誠	松竹	161	1950
2	ローズ	横浜	153	1999
3	今岡 誠	阪神	147	2005
4	藤村富美男	阪神	146	1950
4	落合博満	ロッテ	146	1985
6	ウッズ	中日	144	2006
7	藤村富美男	阪神	142	1949
8	ブランコ	DeNA	136	2013
9	西沢道夫	中日	135	1950
9	野村克也	南海	135	1963

◆盗塁

順位	選手	所属	盗塁	年度
1	福本 豊	阪急	106	1972
2	福本 豊	阪急	95	1973
3	福本 豊	阪急	94	1974
4	河野旭輝	阪急	85	1956
5	木塚忠助	南海	78	1950
6	松本匡史	巨人	76	1983
7	福本 豊	阪急	75	1970
8	金山次郎	松竹	74	1950
9	高橋慶彦	広島	73	1985
10	広瀬叔功	南海	72	1964

◆犠打

順位	選手	所属	犠打	年度
1	宮本慎也	ヤクルト	67	2001
2	川相昌弘	巨人	66	1991
3	田中浩康	ヤクルト	62	2011
3	今宮健太※	ソフトバンク	62	2013
3	今宮健太※	ソフトバンク	62	2014
3	中島卓也※	日本ハム	62	2016
7	平野恵一	阪神	59	2010
8	川相昌弘	巨人	58	1990
8	田中賢介	日本ハム	58	2007
10	和田 豊	阪神	56	1988

◎記録室

シーズン記録　投手編

◆登板

順位	投手	所属	登板	年度
1	久保田智之	阪神	90	2007
2	平井克典※	西武	81	2019
3	藤川球児	阪神	80	2005
4	久保裕也	巨人	79	2010
4	浅尾拓也	中日	79	2011
6	稲尾和久	西鉄	78	1961
6	菊地原 毅	広島	78	2001
8	福間 納	阪神	77	1984
9	木塚敦志	横浜	76	2007
9	青木高広	広島	76	2011

◆勝利

順位	投手	所属	勝利	年度
1	スタルヒン	巨人	42	1939
1	稲尾和久	西鉄	42	1961
3	野口二郎	大洋	40	1942
4	真田重男	松竹	39	1950
5	須田 博	巨人	38	1940
5	杉浦 忠	南海	38	1959
7	稲尾和久	西鉄	35	1957
7	権藤 博	中日	35	1961
9	藤本英雄	巨人	34	1943
10	野口二郎	セネタース	33	1939
10	野口二郎	翼	33	1940
10	別所毅彦	巨人	33	1952
10	稲尾和久	西鉄	33	1958
10	小野 正一	大毎	33	1960

◆防御率

順位	投手	所属	勝利	年度
1	藤本英雄	巨人	0.73	1943
2	景浦 将	タイガース	0.79	1936秋
3	沢村栄治	巨人	0.81	1937春
4	野口二郎	大洋	0.88	1941
5	林 安夫	朝日	0.887	1943
6	森 弘太郎	阪急	0.889	1941
7	野口二郎	翼	0.93	1940
8	景浦 将	タイガース	0.931	1937春
9	須田 博	巨人	0.97	1940
10	村山 実	阪神	0.98	1970

◆ホールド

順位	投手	所属	ホールド	年度
1	清水 昇※	ヤクルト	50	2021
2	浅尾拓也	中日	47	2010
3	藤川球児	阪神	46	2005
3	久保田智之	阪神	46	2007
5	浅尾拓也	中日	45	2011
5	増井浩俊	日本ハム	45	2012
7	山口鉄也	巨人	44	2012
7	五十嵐亮太	ソフトバンク	44	2014
9	平野佳寿※	オリックス	43	2011
9	宮西尚生※	日本ハム	43	2019
9	湯浅京己※	阪神	43	2022

◆セーブ

順位	投手	所属	セーブ	年度
1	サファテ	ソフトバンク	54	2017
2	岩瀬仁紀	中日	46	2005
2	藤川球児	阪神	46	2007
4	佐々木主浩	横浜	45	1998
5	岩瀬仁紀	中日	43	2007
5	サファテ	ソフトバンク	43	2016
7	岩瀬仁紀	中日	42	2010
7	西村健太朗	巨人	42	2013
7	スアレス	阪神	42	2021
10	クルーン	巨人	41	2008
10	岩瀬仁紀	中日	41	2009
10	藤川球児	阪神	41	2011
10	呉 昇桓	阪神	41	2015

◆奪三振

順位	投手	所属	奪三振	年度
1	江夏 豊	阪神	401	1968
2	稲尾和久	西鉄	353	1961
3	金田正一	国鉄	350	1955
4	江夏 豊	阪神	340	1970
5	杉浦 忠	南海	336	1958
6	稲尾和久	西鉄	334	1959
7	梶本隆夫	阪急	327	1956
8	稲尾和久	西鉄	321	1959
9	杉浦 忠	南海	317	1960
10	金田正一	国鉄	316	1956

※は現役。記録は2022年シーズンまで

2023シーズン 達成されそうな記録

2023年シーズンに達成されそうな通算記録を一覧すると、名球会入りまであと少しという選手が目立つ。投手は日米プロ通算200勝または250セーブ(S)、打者は2000安打を入会資格としている「日本プロ野球名球会」。投手で最も近い位置にいるのが田中将大(楽天)だ。開幕前の時点で日米通算190勝であと10勝。2021年のNPB復帰後はシーズン4勝、9勝と足踏みしてきたが、開幕戦で幸先よく勝利を挙げた勢いを駆り、シーズン半ばまでには達成したいところ。海の向こうでは2歳上の先輩格、ダルビッシュ有(サンディエゴ・パドレス)も日米通算188勝と名球会入りが迫っており、どちらが先に達成するか競争になる。

250Sは過去に3人しか達成していない大記録だが、平野佳寿(オリックス)が日米通算であと29Sに迫っている。2021年のNPB復帰後は29S、28Sを挙げており、今シーズンも開幕からクローザーとして起用されているので、なんとか達成したいところ。山﨑康晃(DeNA)はあと43セーブ。これまでの個人シーズン最多は37Sだが、チームが優勝争いをしてセーブ機会での登板が増えれば達成の可能性もある。今年31歳になるがシーズン中に達成すれば佐々木主浩(元横浜)の32歳5カ月を上回り最年少記録となる。

打者で名球会入りに最も迫っているのは中島宏之(巨人)の1923安打であと77安打だが、近年は代打起用が中心で昨シーズンは24安打、2021年も49安打に終わっている。大島洋平(中日)はあと115安打だが、昨シーズンは137安打で過去12シーズン120安打超を放っており、こちらのほうが可能性は高そうだ。青木宣親(ヤクルト)は日米通算2648安打ですでに名球会会員だが、NPB通算2000安打まであと126安打。日米通算でも5位の2705安打、松井稼頭央（元西武、現監督）超えが視野に入る。

前人未到の大台達成も

名球会入りの資格以外でも注目の記録がある。宮西尚生（日本ハム）は400ホールド（H）まであと20。MLBの最多は246Hで達成すれば前人未到の大台達成となる。中村剛也（西武）は過去8人しか達成していない500本塁打まであと46本。シーズンキャリアハイは48本だが昨シーズンは12本、2021年は18本にとどまっており、歴代ベスト10（476本／金本知憲）入りする22本が当面の目標になりそうだ。中村は2000三振までもあと10としていたが、こちらは4月29日に達成。NPB初の大台で、フルスイングの長距離砲には何よりの勲章となった。

本塁打の記録では200本まで岡本和真（巨人）があと35本、村上宗隆（ヤクルト）があと40本。今シーズン23歳の村上が達成すれば、清原和博（元オリックス）の持つ24歳10カ月の史上最年少記録を更新することになる。

ほかにも過去3人しか達成していない350犠打に今宮健太（ソフトバンク）があと4、菊池涼介（広島）があと22としている。攻撃パターンの変化もあり犠打は各チームとも減少傾向にあるが、昨シーズンの今宮は19、菊池は32をマークしており、故障なく出場すればともに今シーズン中に記録達成となりそうだ。

◆今シーズン達成されそうな主な記録

	選手名	球団	昨季終了時	達成まで
200勝	田中将大	楽天	190※	10
	石川雅規	ヤクルト	183	17
150勝	岸 孝之	楽天	149	1
250セーブ	平野佳寿	オリックス	221※	29
	山﨑康晃	DeNA	207	43
200セーブ	松井裕樹	楽天	197	3
	益田直也	ロッテ	182	18
	増田達至	西武	175	25
400ホールド	宮西尚生	日本ハム	380	20
2000奪三振	岸 孝之	楽天	1996	4
	涌井秀章	中日	1909	91
2000安打	中島宏之	巨人	1923	77
	大島洋平	中日	1885	115
	青木宣親	ヤクルト	1874	126
	松田宣浩	巨人	1831	169
500本塁打	中村剛也	西武	454	46
200本塁打	岡本和真	巨人	165	35
	村上宗隆	ヤクルト	160	40
350犠打	今宮健太	ソフトバンク	346	4
	菊池涼介	広島	328	22
2000三振	中村剛也	西武	1990	10

※は日米通算、記録は開幕時

超絶！ プロ野球 噂の真相
テレビが言わないカネ、実力、人間関係

2023年6月7日　第1刷発行

著者
宝島プロ野球取材班

発行人
蓮見清一

発行所
株式会社 宝島社
〒102-8388　東京都千代田区一番町25番地
電話（営業）03-3234-4621
（編集）03-3239-0646
https://tkj.jp

印刷・製本
サンケイ総合印刷株式会社

Printed in Japan
ISBN 978-4-299-04308-5